정석진 목사와 함께하는 성경여행

모세 오경에서 예수님 만나기

정석진 목사와 함께하는 성경여행

모세오경에서 예수님 만나기

나침반

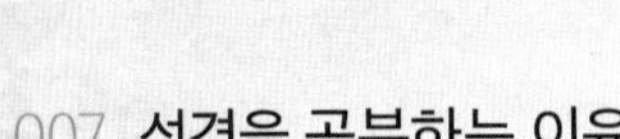

1. 창세기

2. 출애굽기

차례

3. 레위기

4. 민수기

5. 신명기

성경을 공부하는 이유

간 목회자로서 많은 지체들을 섬기면서 가장 안타깝게 생각해 온 것은 신자로서 가장 소중하다고 할 수 있는 하나님의 말씀, 즉 성경을 대부분의 사람들이 너무나 모르고 있다는 것이었습니다.

성경은 천지를 창조하시고 모든 것을 유지시키시는 하나님에 관한 지식을 우리에게 전해 주는 책입니다.

하나님께서는 우리 모두가 하나님을 알기를 원하고 계십니다. 그리고 우리와 건강한 사귐을 지속하기를 원하고 계십니다. 그것이 인생을 지으신 목적이기도 합니다. 우리가 진정으로 하나님의 자녀라면, 하나님을 바로 알아야 합니다. 그것만이 우리들의 유일한 자랑이 되어야 합니다.

하지만 안타깝게도 오늘날의 성도들에게 있어서 자랑과 영광은 물질적 부와 세상의 지식과 명예와 힘, 이런 것들이 되고 있습니다. 우리 인간의 속성을 너무나 잘 아시는 하나님께서 예레미야 선지자의 입을 의탁하사 뭐라고 말씀하셨는지 기억해야 합니다.

"여호와께서 이와 같이 말씀하시되 지혜로운 자는 그의 지혜를 자랑하지 말라 용사는 그의 용맹을 자랑하지 말라 부자는 그의 부함을 자랑하지 말라 자랑하는 자는 이것으로 자랑할지니 곧 명철하여 나를 아는 것과 나 여호와는 사랑과 정의와 공의를 땅에 행하는 자인 줄 깨닫는 것이라 나는 이 일을 기뻐하노라 여호와의 말씀이니라."(예레미야 9:23-24)

이것이 우리 인생들을 향하여 애타게 외치시는 하나님의 말씀입니다. 하나님께서는 우리 자녀들이 하나님을 알기를 원하시며, 그것이 우리들의 최고의 자랑이 되기를 원하고 계십니다.

하나님께서 우리들이 사용하는 언어로 하나님 자신에 대하여 말씀하셨다는 것은 우리 인간에겐 크나큰 축복이고 최고의 선물입니다. 그러므로 우리는 호세아 선지자가 외쳤던 것처럼 힘써 그분을 알아야 합니다.

"그러므로 우리가 여호와를 알자 힘써 여호와를 알자 그의 나타나심은 새벽 빛 같이 어김없나니 비와 같이, 땅을 적시는 늦은 비와 같이 우리에게 임하시리라 하니라."(호세아 6:3)

알지도 못하는 하나님과 어찌 삶 속에서 살아 있는 교제를 나눌 수 있겠습니까?

교회 안에서 성도들은 구원은 오직 믿음으로 얻는 것이라는 것을 배워 왔습니다. 그래서 설교 시간에 "믿습니까?" "아멘!" 이런 구호가 거의 무의식 중에도 튀어나올 정도로 많이 사용되고 있습니다. 하지만 문제는 자신이 무엇을 믿고 있는지를 바로 아느냐는 것입니다. 그러므로 우리는 성경을 공부해야 합니다.

우리가 성경을 공부해야 하는 첫 번째 이유는,
우리가 힘써 하나님을 알기 위해서입니다.

또한 성경은 인간 자체에 대한 지식으로 가득한 책입니다. 우리가 가전제품을 사면 제품을 가장 효과적으로 오래 사용할 수 있도록 안내하는 매뉴얼이 따라옵니다. 매뉴얼 속에는 그 제품의 상세한 그림을 포함, 그 제품의 재질과 기능, 그리고 안전에 대한 제반 사항들이 설명됩니다.

최근에 와서 디지털 혁명으로 일컬어지는 테크놀로지의 대단한 발전이 모든 분야에서 나타나고 있습니다. 집에서 사용하는 TV만 보더라도 이제는 단순히 방송을 시청하는 하나의 도구에서 지나, 시간에 맞추어 자동으로 켜지고 꺼지는 기능으로부터 두 개 혹은 세 개의 방송을 동시에 시청할 수 있는 기능, 또한 원하는 방송을 자동으로 녹화할 수 있는 기능 등 별별 기능들이 다 첨가되어 있는데 그런 모든 기능들을 사용할 수 있는 방법들이 매뉴얼 속에 설명되어 있습니다. 그런데 매뉴얼 표지만 봐도 골머리가 아픈 사람들이 있습니다. 그런 분들은 최고의 성능을 가진 TV를 가지고도 한 20년 전에나 판매되던 그저 평범한 TV처럼 사용하는 것에

만족해야 합니다.

하나님께서는 우리 인생들을 참으로 귀하게 지으셨습니다. 그 인생들이 어떻게 지어졌는지에 관하여, 그리고 그 인생들의 가장 가치 있고 가장 행복한 삶의 방식들을 제품 매뉴얼보다 더 자세히 바로 성경 속에 담아 주셨습니다. 그런 관점에서 신명기 28장의 약속은 지극히 당연합니다.

> "네가 네 하나님 여호와의 말씀을 삼가 듣고 내가 오늘 네게 명령하는 그의 모든 명령을 지켜 행하면 네 하나님 여호와께서 너를 세계 모든 민족 위에 뛰어나게 하실 것이라 네가 네 하나님 여호와의 말씀을 청종하면 이 모든 복이 네게 임하며 네게 이르리니 성읍에서도 복을 받고 들에서도 복을 받을 것이며 네 몸의 자녀와 네 토지의 소산과 네 짐승의 새끼와 소와 양의 새끼가 복을 받을 것이며 네 광주리와 떡 반죽 그릇이 복을 받을 것이며 네가 들어와도 복을 받고 나가도 복을 받을 것이니라."(신명기 28:1-6)

우리가 성경을 공부해야 하는 두 번째 이유는,
삶의 원리를 이해하고 말씀에 순종함으로써 하나님의 사랑과 축복을 받는 삶을 살기 위해서입니다.

물론 성경의 가르침을 따라 하나님을 알고 또한 그분과 깊은 사귐을 나누면서 그분이 의도하셨던 행복이 가득한 삶을 산다면 더

할 나위 없이 이상적인 삶이겠지요. 하지만 이미 아담의 후손으로 태어난 우리들 모두는 문제를 안고 태어났습니다.

"그러나 아담으로부터 모세까지 아담의 범죄와 같은 죄를 짓지 아니한 자들까지도 사망이 왕 노릇 하였나니 아담은 오실 자의 모형이라."(로마서 5:14)

결국 죄의 가장 무서운 결과는 인간에게 있어서 창조주가 되시고 복의 근원이 되시는 하나님과의 사귐이 깨어지게 만든 것입니다.

"모든 사람이 죄를 범하였으매 하나님의 영광에 이르지 못하더니."(로마서 3:23)

그래서 이제 우리 인생들에게 필요한 것은 다시금 하나님께서 지으셨던 그 본연의 위치로 돌아가는 것입니다. 그리고 그 돌아가는 유일한 길이 바로 하나님께서 보내신 예수 그리스도이십니다.

"예수께서 이르시되 내가 곧 길이요 진리요 생명이니 나로 말미암지 않고는 아버지께로 올 자가 없느니라."(요한복음 14:6)

"다른 이로써는 구원을 받을 수 없나니 천하 사람 중에 구원을 받을 만한 다른 이름을 우리에게 주신 일이 없음이라 하였더라."(사도행전 4:12)

우리가 성경을 공부해야 하는 세 번째 이유는,

하나님께 갈 수 있는 유일한 길이신 예수 그리스도를 알기 위해서 입니다.

우리에게 주신 성경은 그 첫 페이지부터 마지막 페이지까지가 모두 예수 그리스도에 관한 이야기들입니다. 바리새인들과의 대화에서 예수님께서는 모든 성경이 예수님 자신에 대해서 기록하고 있다고 말씀하셨습니다.

"너희가 성경에서 영생을 얻는 줄 생각하고 성경을 연구하거니와 이 성경이 곧 내게 대하여 증언하는 것이니라."(요한복음 5:39)

바울 사도가 예루살렘으로 올라가는 길에 밀레도에 들렀을 때에 그는 에베소에 사람들을 보내어 장로들을 초청했습니다.

사실 오는 길에 이미 성령께서 여러 가지 방법으로 이 여행에 결박과 환란이 기다리고 있다고, 다시 말해서 이것이 바울의 순교로 향하여 가는 마지막 여행이 될 것이라는 말씀들을 주셨습니다. 그러므로 바울은 자신이 그토록 사랑했던 에베소 교회의 장로님들과 일종의 고별 메시지를 나누고자 그들을 초청했던 것입니다. 거기에서 바울은 자신이 하나님의 모든 말씀(the full council of God)을 다 가르쳤으므로 모든 사람들의 피에 대하여 자신이 깨끗하다고 말할 수 있었습니다.

저는 모든 사역의 삶을 마칠 때에 제가 사랑했던 모든 성도들 앞에서 바울처럼 말할 수 있기를 원합니다. 그리고 이렇게 말할 수 있는 방법은 오직 하나, 창세기로부터 요한계시록까지 모든 성경을 쉬지 않고 가르치는 것이라고 믿게 되었습니다.

성경여행을 하다 보면 성도들로부터 이런 질문을 받습니다.

"왜 우리와 전혀 상관이 없는 이스라엘의 역사를 우리가 공부해야 합니까?"

물론 성경은 이스라엘의 역사의 토대 위에서 기록되어 있습니다. 하지만 우리는 이스라엘의 역사 공부를 하는 것이 아닙니다. 그 역사적인 모든 사건들이 우리들에게 주는 교훈들을 담고 있기 때문에, 그 속에서 하나님께서 우리에게 가르치고자 하셨던 교훈을 찾아내는 것이 중요한 것입니다. 바울도 성경에 기록된 모든 사건들이 우리를 위한 거울로 기록되었다고 말했습니다.

> "이러한 일은 우리의 본보기가 되어 우리로 하여금 그들이 악을 즐겨 한 것 같이 즐겨 하는 자가 되지 않게 하려 함이니." (고린도전서 10:6)
>
> "그들에게 일어난 이런 일은 본보기가 되고 또한 말세를 만난 우리를 깨우치기 위하여 기록되었느니라."(고린도전서 10:11)

따라서 이제부터 우리가 함께 하고자 하는 성경여행은 성경의 각 권에 나타난 예수 그리스도에 관한 말씀들을 발견하는 일에 최고의 중점을 두게 될 것입니다.

이 공부는 하나님께서 왜 우리들에게 66권이나 되는 많은 책들을 성경 속에 넣어 주셨는지 알게 해 줄 것입니다. 때로 발음하기도 어려운 그 많은 사람들의 이름이, 혹은 내용조차 이해하기 힘든 그 많은 예언서들이 왜 성경에 포함되어야 했는지를 발견하게 해 줍니다.

이제 함께 시작할 성경여행이 큰 기대가 됩니다. 물론 함께하는 분들 가운데 신앙을 갖고 있지 않은 분들도 있겠지만 함께 성경여행을 하면서 성경을 아는 깊은 지식 가운데 들어가면 이제까지 보지 못했던 생의 의미와 그 깊이와 풍요로움을 체험할 수 있을 것이라고 믿습니다.

자, 기대감을 갖고 함께 출발합시다!

그분의 종이 된

정석진

P.S. 내게 성경을 깊이 있게 가르쳐 주신 영적 아버지 갈보리채플의 척 스미스 목사님과, 사랑하는 부산안락순복음교회 성도님들, 그리고 특별히 나와 묵묵히 함께 하며 격려해 주는 아내와 가족들에게 감사의 마음을 전합니다.

성경의 대략적인 구조

경은 신구약을 합해서 모두 66권으로 구성되어 있으며, 이 66권은 구약 다섯 묶음과 신약 네 묶음, 이렇게 모두 아홉 개의 묶음으로 분류될 수 있습니다.

구약 성경의 첫 번째 묶음은 율법서(the Laws: 히브리어의 토라)입니다.

'모세오경(Pentateuch)'이라고도 불리며 창세기로부터 신명기까지 다섯 권으로 되어 있습니다.

창세기는 인류에게 죄가 시작된 것을, 출애굽기는 어린 양의 피로써 그 죄로부터 구속됨을, 레위기는 구속받은 성도들이 예배를 통하여 하나님께로 나아가 하나님과 교제를 가질 수 있음을 보여줍니다.

민수기는 진정한 예배자는 그 삶 속에서 하나님과의 깊은 교제와 하나님의 섬세한 보호하심과 인도하심을 누리게 됨을, 신명기는 우리가 하나님의 말씀에 순종하는 이유는 심판과 징계에 대한 두려움 때문이 아니라 하나님을 사랑하기 때문이며, 사랑에는 반드시 순종이 따르며, 하나님께 대한 순종은 반드시 축복된 삶의 열매를 가져온다는 것을 보여 줍니다.

우리는 이 다섯 권의 책에서 각 권이 어떤 일정한 스토리 라인을 따라 연결 고리를 가지고 편집되어 있다는 것을 발견할 수 있습니다. 사실 성경 전체가 그런 연결 고리를 가지고 있습니다.

우리는 이 성경여행을 통해서 그런 연결 고리를 보는 큰 시야를 갖게 될 것입니다.

구약 성경의 두 번째 묶음은 역사서(History)입니다.

역사서는 이스라엘의 한 국가로서의 역사를 담고 있는 책들로 여호수아서로부터 에스더서까지 열두 권의 책으로 되어 있습니다. 이 책들은 이미 신명기에서 하나님께서 말씀하셨던 대로 "하나님을 사랑하고 그 말씀에 순종하면 복을 받고 하나님을 저버리고 미워하고 그 말씀을 무시하면 저주를 받으리라."는 하나님의 말씀이 이스라엘의 역사 가운데서 확실히 이루어졌음을 보여 주고 있습니다.

여호수아서는 애굽에서 광야를 지나 가나안에 들어온 이스라엘 백성들의 가나안 정복전쟁의 기록이며, 사사기는 가나안 정착기의 역사입니다. 불행히도 이스라엘은 그들의 왕 되신 하나님을 버리고, 하나님의 가르침을 떠나서 각기 자기 소견에 옳은 대로 행하면 그게 곧 법이 되는 무서운 사회가 되어 버립니다. 룻기는 사사기의 부록과 같은 책으로 사사시대의 이스라엘 백성들의 문화와 신앙을 보여 주는 책입니다. 사무엘 상하서에서 이스라엘은 드디어 하나님의 직접 통치(Theocracy)를 버리고, 왕정통치(Monarchy)를 선택합니다. 결국 그들은 사울이라는 그들의 소견에 좋은 왕을 세우지만 처절한 실패로 돌아갑니다. 그리고 하나님의 선택이었던 다윗이 왕위에 오르면서 이스라엘은 다윗의 후손으로 오실 메시야에 대한 확고한 약속을 받게 됩니다.

열왕기 상하서는 솔로몬의 통치와 그 이후에 두 나라로 갈린 이스라엘, 즉 남쪽 유다와 북쪽 이스라엘의 왕들의 통치역사를 보여줍니다. 역대상하 역시 같은 남북 왕조의 역사의 기록이지만, 열왕기가 선지자적 관점에서 본 이스라엘의 역사였다면, 역대기는 왕의 관점에서 본 역사였다고 할 수 있을 것입니다.

어떻든 이스라엘 왕들의 역사는 결국 하나님을 저버린 결과로 북쪽 이스라엘은 앗수르에, 남쪽 유다는 바벨론에 의해 망하는 것으로 막을 내리고 맙니다. 하지만 다윗의 왕위가 끊어지지 않으리라는 하나님의 약속은 아직도 유효했습니다. 이스라엘이 포로생활로 들어가기 전에 이미 예레미야를 통해서 약속하신 대로 하나님께서는 바벨론에 포로로 끌려갔던 이스라엘 백성들이 70년만에 다시 예루살렘으로 돌아와 성전과 성벽을 재건하여 이스라엘이 다시 한 국가로 재건되게 하십니다. 이어지는 또 다른 역사책들, 에스라서, 느헤미야서, 에스더서가 바로 이 포로생활 이후의 일들을 다룬 책들(Post Captivity Books)입니다.

구약 성경의 세 번째 묶음은 지혜의 교훈과 찬양 들을 담고 있는 시가서들(Poetry)입니다.

시가서는 욥기로부터 아가서까지의 다섯 권의 책들입니다. 우리는 이 부분에서 자신의 인생에 주어진 모든 좋은 조건들을 오직 육체의 정욕과 쾌락을 위하여 다 소진해 버린 솔로몬이 노후가 되어서야 비로소 전능하신 하나님께 다시 그 마음을 돌이킨 경험에서 나온 전도의 말씀을 보게 될 것입니다. 그리고 사소한 모든 것들로부터 하나님을 섬기는 신자의 삶의 원리들을 배우는 지혜의 글들, 그리고 찬양 속에 담긴 예수 그리스도에 대한 너무나도 명확한 예언들이 담긴 시편들, 그리고 욥의 삶을 통해서 배우는 중보자의 필요성 등에 대한 기막힌 말씀들을 공부하게 될 것입니다.

구약 성경의 네 번째 묶음은 대예언서들(Major Prophecies) 입니다.

대예언자는 이사야, 예레미야, 에스겔, 다니엘입니다. 예레미야가 애가까지 썼으므로 대예언서는 모두 다섯 권입니다. 물론 이들의 예언은 이스라엘 백성들을 향한 교훈적 예언들도 있지만 대부분이 오실 메시야 예수 그리스도에 대한 예언들로 채워져 있습니다.

구약 성경의 다섯 번째 묶음은 소예언서들(Minor Prophecies) 입니다.

호세아서로부터 말라기서까지 모두 12권입니다. 대예언자들과

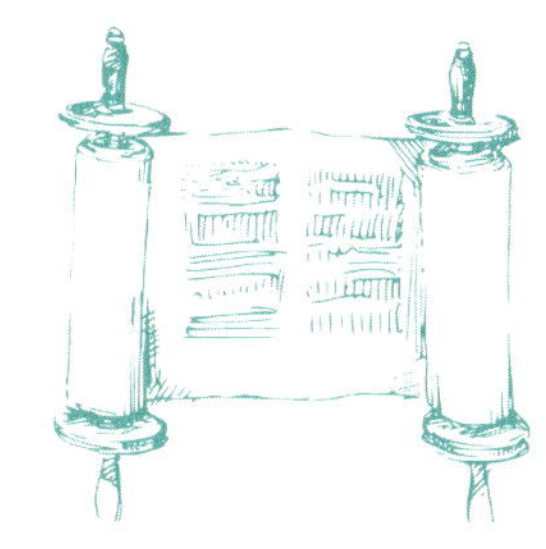

소예언자들 사이에 어떤 실력의 차이 같은 것은 존재하지 않습니다. 단지 그들이 쓴 책의 분량에 따라, 즉 두꺼운 책을 쓴 선지자들이 대예언자들이고 얇은 책을 쓴 사람들이 소언자들로 분류되었을 뿐입니다. 우리가 이해해야 하는 중요한 사실은 선지자들의 책, 또한 선지자들의 활동은 이미 다루어진 왕정시대에 북이스라엘과 남유다에서 활동했던 선지자들에 의하여 쓰여진 책들입니다. 이사야로부터 스바냐까지는 유다가 바벨론에 포로로 잡혀가기 이전의 선지자들이고, 학개, 스가랴, 그리고 말라기 선지자는 포로생활 이후의 선지자들입니다.

말라기 선지자로부터 신약 성경에 들어와서 세례 요한의 아버지 사가랴에게 하나님께서 다시 나타나셔서 말씀을 하시기까지 약 400년간의 공백이 있었습니다.

우리는 이때를 신구약 중간기라고 부릅니다. 이 기간 중에 다니엘의 예언처럼 헬라제국이 일어났고, 그 후에 로마제국이 일어났습니다. 그 로마제국이 근동의 모든 나라들을 통합하여 강력한 영향력을 행사하던 때에 신약 성경이 시작되는 것입니다.

신약 성경의 첫 번째 묶음은 복음서들입니다.

예수 그리스도의 탄생과 생애, 그리고 죽으심과 부활 승천에 관한 기록들입니다.

신약 성경의 두 번째 묶음은 신약의 역사서들입니다.

즉 교회가 어떻게 탄생되어 이방인들에게로 선교의 영향력을 확장시켜 나아갔는가를 보여 주는 아주 중요한 책으로 사도행전이 여기에 해당됩니다.

신약 성경의 세 번째 묶음은 사도들의 편지들을 묶어 놓은 서신서들입니다.

우리는 이 서신서들을 통해서 우리가 믿는 기독교의 제반 교리적인 기초를 얻게 됩니다.

신약 성경의 마지막 네 번째 묶음은 신약의 예언서인 요한계시록입니다.

요한계시록은 교회시대의 일들과 예수님의 재림의 때에 벌어질 일들에 대한 예언들을 담고 있습니다.

이제 우리가 시작하려는 성경여행은 그야말로 여행입니다. 저는 너무 깊고 어려운 신학적인 문제들을 다루지 않을 것입니다. 성경 전체에 대한 폭넓은 시각을 갖게 하는 것이 이 책의 목적입니다. 다만 성경에 나타난 일들이 오늘을 사는 우리들에게 어떤 메시지들을 주고 있는지, 그 각 권의 책들이 우리 구주 예수 그리스도에 대하여 무엇을 말하고 있고, 어떻게 성취되었으며 또한 어떤 성취를 기다리고 있는지에 대하여 함께 나누고자 합니다.

1

창세기

창세기 분석

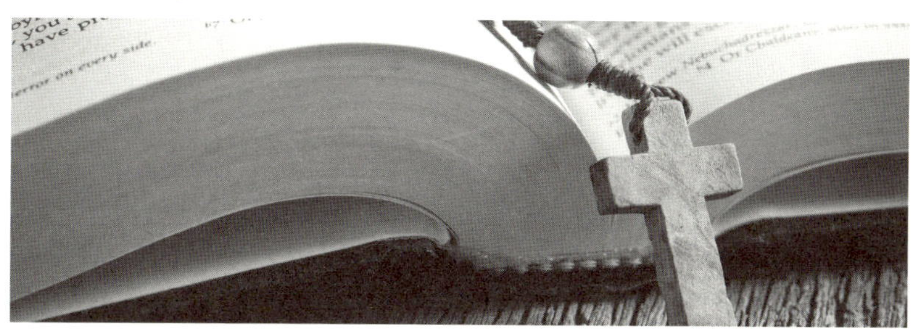

창세기는 크게 두 부분으로 나눌 수 있습니다. 전반부는 1-11장으로 네 가지 사건이 다루어지고 있고, 후반부는 12-50장으로 네 사람의 인물을 다루고 있습니다.

사람들은 대개 창세기가 천지창조의 기사를 담고 있는 책이라고 단정짓습니다.

물론 천지창조의 기사가 창세기의 일부이긴 하지만 전체 50장 중에 오직 두 장에 불과한 내용입니다. 따라서 우리는 창세기에서 하나님께서 강조하고자 하시는 것이 창조의 이야기가 아니라는 것을 알 수 있습니다. 우리는 때로 성경의 각 권에서 가장 많은 부분이 어떤 이야기에 할애되었는가를 통해서 하나님께서 그 책에서 강조하고자 하시는 것이 무엇인지를 발견할 수가 있습니다.

창세기 1장으로부터 11장까지, 열한 장에서 우리는 창조로부터 벌써 2,000년이나 지나가고 있는 것을 봅니다.

하지만 12장으로부터 50장까지 서른아홉 장을 통해서 약 200년여에 걸쳐서 벌어진 일들을 다루고 있습니다. 그러니까 연대로는 10분의 1밖에 안 되는데 성경의 분량으로는 거의 네 배 가까운 분량을 차지하고 있습니다.

창세기의 전반부는 네 가지 사건을 다루고 있다고 했는데, '창조, 타락, 홍수 그리고 바벨탑 사건'이 그것입니다. 그리고 후반부가 다루고 있는 네 사람의 인물은 바로 '아브라함, 이삭, 야곱 그리고 요셉'이지요.

1. 창세기에서 빼놓을 수 없는 것은 창조 기사입니다.

'창세기'의 제목은 히브리어 성경에서 '베레쉬트'입니다. 히브리 문학의 특성 중 하나는 모든 책의 제목이 그 책의 첫 단어로 불렸다는 것입니다. 히브리어 성경에서 창세기의 첫 단어가 바로 '베레쉬트(Beginning)'입니다. 그러므로 창세기는 '시작들의 책(the Book of Beginnings)'입니다.

창세기에서 우리는 모든 것들의 시작을 볼 수 있습니다. 우주의 시작, 생물의 시작, 인간의 역사의 시작, 죄의 시작, 징계의 시작, 구속 사역의 시작 …….

제가 가장 흥미롭게 생각하는 것은 하나님께서 창조의 과정이나 원리 등에 대해서 그다지 자세히 설명하려 하지 않으셨다는 것입니다. 과학자들의 오랜 연구에 의해서 발견되어지는 물의 성분이나 생성 원리들, 우주의 구조와 천체의 움직임 등에 대해서 성경은 입을 다물고 있습니다. 다만 "태초에 하나님이 천지를 창조하시니라.(창세기 1:1)"라는 아주 단순하고 명쾌한 선포로써 창조의 그 깊고 오묘한 이야기를 갈음하고 있을 뿐입니다.

하나님께서는 이 세상의 창조가 어떻게 이루어졌는지 우리에게 자세히 설명하고자 하지 않으셨습니다. 하나님께서 그런 모든 이야기들을 다 담고자 하셨다면 요한의 말처럼 하늘의 하늘이라도 그 책을 두기에 충분치 않았을 것이고, 우리들도 다 이해할 수 없었을 것입니다.

아인슈타인의 노트도 이해하지 못하는 우리들이 어떻게 하나님의 생각을 담은 노트를 다 이해할 수 있겠습니까? 그러므로 우리의 두뇌로 하나님을 이해하려 하지 말고, 하나님을 믿으십시오. 하나님께서는 우리에게 단순한 믿음을 요구하십니다.

어떤 분은 "이해하지 못하는 것을 어떻게 믿느냐?"고 항변할지 모르겠습니다. 하지만 우리는 과연 믿고 있는 모든 것을 이해하고 있을까요?

우리는 TV 리모컨을 누르기만 하면 TV가 들어온다는 사실을 믿고 있습니다. 하지만 그것이 어떤 원리를 가지고 있는지 모두 알고 있나요?

누구나 그런 완전한 지식을 가지고 있지는 않습니다. 하지만 아무도 원리를 몰라서 TV를 시청하지 못하는 사람은 없습니다. 저는 하나님과 우리 인간의 관계도 마찬가지라고 생각합니다.

창세기 1장과 2장은 천지창조와 특별히 인간의 창조에 초점이 맞추어지고 있습니다. 인간이 '어떻게 지어졌는가' 보다 중요한 것은 '왜 지어졌느냐' 일 것입니다. 하나님께서 모든 것들을 지으시고 그것들을 보실 때마다 "하나님이 보시기에 좋았더라."라고 하셨습니다. 다시 말해서 모든 것들은 하나님을 기쁘시게 하기 위하여 존재하게 된 것입니다.

요한계시록에서 요한이 천국에 올라갔을 때 요한은 하나님의 보좌를 둘러선 네 생물의 찬양을 들었고, 이어서 24장로들의 찬양을 들었습니다. 이때 24장로들은 이렇게 노래했습니다.

> "우리 주 하나님이여 영광과 존귀와 권능을 받으시는 것이 합당하오니 주께서 만물을 지으신지라 만물이 주의 뜻대로 있었고 또 지으심을 받았나이다 하더라." (요한계시록 4:11)

이 구절이 영어성경 KJV에는 "And for thy pleasure they are and were created."가 덧붙여져 있는 것을 볼 수 있습니다. '만물이 주의 기뻐하심을 위하여 지음을 받았나이다.' 라는 의미이지요.

하나님은 특별히 인간들을 지으신 후에 그들에게 하나님께서 지으신 모든 피조물들을 잘 관리하고 통제하여 하나님을 기쁘시게 하도록 요구하셨습니다.

"하나님이 자기 형상 곧 하나님의 형상대로 사람을 창조하시되 남자와 여자를 창조하시고 하나님이 그들에게 복을 주시며 하나님이 그들에게 이르시되 생육하고 번성하여 땅에 충만하라, 땅을 정복하라, 바다의 물고기와 하늘의 새와 땅에 움직이는 모든 생물을 다스리라 하시니라."(창세기 1:27-28)

그러나 사탄의 미혹을 받은 인간은 자기를 기쁘게 하기 위하여 하나님의 뜻을 거역했습니다. 결국 죄는 인간에게 불행을 초래했습니다. 하나님께서는 "선악과를 먹는 날에는 정녕 죽는다."고 하셨고, 마귀는 "죽지 않으리라."고 했습니다. 이것이 오늘날까지 전개되고 있는 영적 세계의 싸움입니다.

만약 인간이 하나님께 순종했다면 이 세상은 훨씬 아름답고 축복된 곳이 되었을 것입니다. 그러나 불행히도 사람들은 하나님보다 사탄의 유혹을 더 사랑하고 그 미혹을 따랐습니다. 지금 이 세상의 불행의 근본적인 이유가 바로 여기에 있는 것입니다.

2. 창세기의 중심 주제는 창조가 아니라 인간의 죄 문제입니다.

창세기 3장에서 우리는 인간의 타락의 현장을 볼 수 있습니다. 사탄이 인간에게 가져온 유혹의 뿌리는 '하나님의 사랑을 의심하게 하는 것'과 '하나님의 말씀에 도전하는 것' 두 가지였습니다. 이것은 오늘날까지도 모든 인생들을 향한 사탄의 도전입니다.

"하나님께서는 정말 나를 사랑하시는가?"

"만약 하나님께서 나를 사랑하신다면 어떻게 내게 이렇게 하실 수 있나, 어떻게 이런 일이 내게 벌어지도록 방임하실 수 있나, 왜 내게 이것을 금지하시는가?"

사탄은 이런 질문으로 우리에게 다가옵니다. 뿐만 아니라 "하나님이 말씀은 진리인가, 혹시 어떤 오류가 있는 것은 아닌가?" 하는 질문도 따르지요.

사탄은 하와에게 "하나님께서 참으로 너희더러 동산 모든 나무의 실과를 먹지 말라고 하시더냐?"고 질문했습니다. 하나님께서는 그런 말씀을 하신 적이 없으십니다. 하지만 사탄은 하나님의 진리를 교묘하게 왜곡시키고 있는 것입니다. 그리고 사탄은 "너희가 그것을 먹는 날에는 너희 눈이 밝아 하나님과 같이 되어 선악을 알 줄을 하나님이 아시기 때문"이라고 했습니다. 결국 사탄은 하와에게 하나님의 사랑을 의심하게 했고, 또 말씀에 대한 의심을 불러일으키는 데 성공한 것입니다.

3. 죄가 있는 곳에는 언제나 나타나는 결과들이 3장에 소개됩니다.

이것은 사탄의 고전적인 전술입니다. 하나님의 자녀들인 우리들의 삶에서 어떤 어려움이 다가올 때, 혹은 우리가 이해하기 어려운 일들이 벌어질 때, 사탄은 항상 하나님의 진리를 왜곡시키거나, 아니면 하나님의 사랑을 의심하게 하는 것입니다. 여기에 성공하면 그 다음은 쉬우니까요.

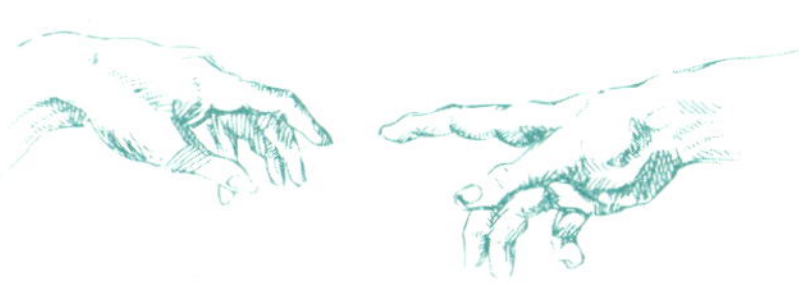

첫 번째 결과는, 하나님과의 사귐이 깨어지는 것입니다.

하나님께서 아담을 찾아오셨고 아담은 피하여 숨었습니다.

두 번째 결과는, 인격의 파괴입니다.

아담은 자신의 죄의 이유를 하와에게, 그리고 심지어 하와를 주신 하나님께 돌리고자 했습니다.

> "아담이 이르되 하나님이 주셔서 나와 함께 있게 하신 여자 그가 그 나무 열매를 내게 주므로 내가 먹었나이다."(창세기 3:12)

이 말의 속뜻은 무엇입니까?

'누가 하나님더러 이런 여자를 달라고 했습니까? 이 여자를 주지 않으셨다면 이런 일은 없었을 것 아닙니까?'

결국 자신은 잘못이 없고, 여자와 여자를 주신 하나님께만 잘못이 있다는 것이지요.

세 번째 죄의 결과는, 죽음입니다.

하나님께서는 "죄를 지으면 반드시 죽을 것"이라고 하셨고, 사단은 "결코 죽지 아니하리라"고 했습니다. 누가 옳았는지 보십시오. 어떤 사람은 아담이 선악과를 먹고 나서도 즉시 죽지 않았다는 사실을 지적할 것입니다. 하지만 인간에겐 두 가지 죽음이 있습니다.

하나는 영적 죽음(Spiritual death)이고, 또 하나는 육적 죽음(Physical death)입니다.

죄의 결과로 아담은 영적으로 육적으로 모두 죽음을 당했습니다. 육적 죽음이란 육체와 영이 분리되는 것을 의미합니다. 하지만 영적 죽음이란 인간의 영혼이 하나님과 결별되는 것을 말합니다. 아담의 죄는 아담의 영혼을 하나님으로부터 결별시켰고, 그 후에 육적인 죽음도 초래했습니다.

우리가 창세기 5장을 읽어 보면 거기 아담의 후손들의 리스트가 나옵니다. 물론 그 이야기가 사람들에게 주는 첫 번째 느낌은 그들이 매우 오래 살았다는 점일 것입니다. 그들 중에 500세에 죽은 사람은 너무 아깝게 일찍 죽은 것이었습니다. 하지만 창세기 5장의 주제는 결코 사람이 오래 살았다는 것이 아닙니다. 그들 모두에게 죽음이 초래되었다는 것이지요.

"그가 구백삼십 세를 향수하고 죽었더라……."

결국 하나님의 말씀이 옳았다는 것을 입증하고 있는 것입니다.

네 번째 결과는, 고통과 아픔입니다.

여성은 잉태의 고통이, 남성은 이마에 땀을 흘려야 먹고 살 수 있는 고통이 가중되었습니다. 인간에게 자연스럽게 먹을 것을 주던 땅은 가시와 엉겅퀴로 뒤덮이게 되었습니다. 이때로부터 가시는 저주의 상징이 되었습니다.

예수님께서 십자가에 못 박히실 때에 가시로 만들어진 면류관을 쓰셨다는 것은 그런 의미에서 우리 인류의 모든 저주를 홀로 짊어지셨다는 것을 의미하는 것입니다.

우리는 시편 32편에서 죄 가운데 있을 때에 다윗이 느꼈던 고통에 대해서 배울 수 있습니다. 그는 자신의 뼈(육체)가 쇠잔하여 입에서는 신음이 종일 터져 나왔다고 고백했고, 마치 종일토록 하나님의 손이 자기를 지긋이 누르고 있는 것 같은 답답함이 있었으며, 몸의 진액이 마치 여름 가물에 말라 비틀어진 것처럼 메말라 버렸다고 고백했습니다. 가정의 파괴, 거리로 내몰리는 아이들, 흉포한 범죄로 점점 더 두려워지는 오늘의 사회……. 이 모든 것들로 인하여 가중되는 인간의 고통의 근원이 무엇인지를 보여 주고 있는 것입니다.

다섯 번째 결과는, 점증되는 죄악입니다.

죄는 자라게 되어 있습니다. 아담과 하와의 죄는 그 자녀들에게 유전되었습니다. 아담과 하와의 자녀들의 이름이 흥미롭습니다.

아담은 첫 아들을 낳고 그 이름을 '가인'이라고 불렀습니다. 가인의 의미는 '얻었다, 획득했다'는 것입니다.

우리가 창세기의 구조적인 분석을 끝낸 후에는 창세기에 나타난 예수님에 관하여 공부할 것입니다. 그것은 매우 흥미로운 공부가 될 것입니다. 그때 다루게 되겠습니다만 아담과 하와가 타락한 후에 하나님께서는 뱀을 저주하시면서 "여자의 후손이 뱀의 머리를 칠 것"이라는 말씀을 하십니다.

그것은 물론 예수님의 동정녀 탄생에 대한 예언과 그분이 십자가에서 사탄의 권세를 부수실 것에 대한 예언을 동시에 내포하고 있는 것이었습니다.

어쩌면 아담과 하와는 첫 아들을 낳자, '하나님께서 약속하셨던 그 아들을 얻었다.'고 생각했을 것입니다. 하지만 가인의 삶은 시간이 지나갈수록 아담과 하와를 실망시켰습니다.

우리는 가인과 그의 후손들의 문화를 창세기 4장에서 읽을 수 있습니다. 잠시 엿볼까요?

"가인이 여호와 앞을 떠나서 에덴 동쪽 놋 땅에 거주하더니 아내와 동침하매 그가 임신하여 에녹을 낳은지라 가인이 성을 쌓고 그의 아들의 이름으로 성을 이름하여 에녹이라 하니

라."(창세기 4:16-17)

우리는 여기에서 처음으로 인간 중심의 사회가 건설되는 모습을 봅니다. 하나님께 모든 영광을 돌리던 시대는 가고, 인간이 세운 업적에 인간의 이름을 붙이는 일이 시작되었습니다. 물론 여기에 나오는 에녹은 나중에 하나님께 들림받았던 그 에녹이 아니라는 것은 다 아시죠?

"에녹이 이랏을 낳고 이랏은 므후야엘을 낳고 므후야엘은 므드사엘을 낳고 므드사엘은 라멕을 낳았더라 라멕이 두 아내를 맞이하였으니 하나의 이름은 아다요 하나의 이름은 씰라였더라."(창세기 4:18-19)

보십시오. 여기 인류 최초의 다중 결혼에 관한 언급이 나옵니다. 일부 다처제가 시작된 것입니다. 그 아내들의 이름들은 '관능적인 아름다움' 혹은 '바람둥이'라는 의미가 내포되어 있습니다. 이제 인간의 시각은 점차 변해서 영적인 것보다 육신적인 쾌락이 중심이 되어가고 있는 모습입니다.

제가 좋아하는 성경 연구가 J. Vernon McGee 는 "아다는 인류 최초의 미용실(Beauty parlor)의 여주인이었을 것"이라고 했습니다. 흥미로운 설명이지요? 사람들의 문화가 점차 관능적인 방향으로 가고 있는 것을 보여 줍니다. 오늘날과 아주 유사하지요?

"아다는 야발을 낳았으니 그는 장막에 거주하며 가축을 치는 자의 조상이 되었고 그의 아우의 이름은 유발이니 그는 수금과

통소를 잡는 모든 자의 조상이 되었으며……."(창세기 4:20-21)

여기 인류 최초의 연예인(Entertainer) 가족이 등장합니다. 하나님께 찬양하는 것이 아닌, 인간 자신이 음악을 즐기기 시작한 첫 번째 사례입니다.

"가인이 여호와 앞을 떠나서 에덴 동쪽 놋 땅에 거주하더니 아내와 동침하매 그가 임신하여 에녹을 낳은지라 가인이 성을 쌓고 그의 아들의 이름으로 성을 이름하여 에녹이라 하니라 에녹이 이랏을 낳고 이랏은 므후야엘을 낳고 므후야엘은 므드사엘을 낳고 므드사엘은 라멕을 낳았더라 라멕이 두 아내를 맞이하였으니 하나의 이름은 아다요 하나의 이름은 씰라였더라 아다는 야발을 낳았으니 그는 장막에 거주하며 가축을 치는 자의 조상이 되었고 그의 아우의 이름은 유발이니 그는 수금과 통소를 잡는 모든 자의 조상이 되었으며 씰라는 두발가인을 낳았으니 그는 구리와 쇠로 여러 가지 기구를 만드는 자요 두발가인의 누이는 나아마였더라 라멕이 아내들에게 이르되 아다와 씰라여 내 목소리를 들으라 라멕의 아내들이여 내 말을 들으라 나의 상처로 말미암아 내가 사람을 죽였고 나의 상함으로 말미암아 소년을 죽였도다 가인을 위하여는 벌이 칠 배일진대 라멕을 위하여는 벌이 칠십칠 배이리로다 하였더라."(창세기 4:16-24)

이렇게 인간 중심의 문화가 가져온 결과는 살인과 고뇌, 복수에 대한 두려움과 공포입니다.

솔로몬은 해 아래 새 것이 없고 모든 것이 예전에 있던 것들의 반복이라고 했습니다. 우리는 가인의 후손들의 모습 속에서 오늘날 인류의 문제가 상당히 깊은 뿌리를 가지고 있다는 것을 발견합니다.

여하튼 이런 가인의 자라는 모습을 보면서 아담과 하와는 가인이 하나님께서 약속하셨던 그 아들이 아니라는 것을 발견했을 것입니다.

그래서 그들이 두 번째 아들을 낳았을 때 그 이름을 아벨이라고 불렀습니다. 그 이름은 '허무하다' 라는 의미의 '헤벨' 에서 왔습니다. 첫 아들에 대한 실망감이 둘째 아들의 이름에 나타난 것입니다.

바로 이 단어가 전도서에 가장 많이 나오는 '헛되다' 라는 단어입니다. 솔로몬은 전도서에서 이 단어를 가장 많이 사용했고, 두 번째로 많이 사용한 단어가 '해 아래' 라는 단어입니다. 이 단어들을 연결지어 보면, 솔로몬은 해 아래 있는 것들을 소유하거나 혹은 성취함으로써 삶의 의미와 행복을 찾고자 했지만 모두 결국은 항상 헛될 뿐이었다는 것입니다. 그래서 솔로몬은 그 아름다운 젊음을 헛된 세상 것에 다 소진하고 노인이 되어서야 비로소 '해 위에 계신 하나님' 을 공경하는 것이 사람의 본분이라고 결론지은 것입니다.

이미 가인의 후손들의 삶은 솔로몬이 경험했던 그 헛된 것으로 결론지어지고 있었던 것입니다. 그래서 아담과 하와는 가인에 대한 실망감을 그 동생 아벨의 이름 속에 반영했던 것으로 보입니다.

생각해 봅시다!

1. 창세기의 중심주제는 (　　　　)가 아니라 인간의 (　　　　) 문제입니다.

2. 죄의 결과 5가지가 나에게 주는 교훈은 무엇입니까?

3. 창세기로부터 오늘날까지 인간을 향한 사탄의 유혹 2가지는 무엇입니까?

창세기 분석

4장에서 가인의 후손들의 타락한 문화에 대하여 들려 준 다음 5장은 아담의 후손들의 계보를 다룹니다.

여기서 흥미로운 것이 있습니다.

지금 창세기 5장을 한번 읽어 보십시오.

대부분 창세기 5장을 읽으시면서 거기에 등장한 인물들의 연령에 관심을 가지게 되실 것입니다. 당시에는 어떤 사람이 700세를 살고 죽었다면 명이 대단히 짧은 안타까운 인물로 여겨졌을 것입니다. 하지만 이 아담의 계보가 우리에게 보여 주는 더욱 중요한 교훈은 '그들이 모두 죽었다'는 사실입니다.

"…세를 향수하고 죽었더라."

이 반복적인 구절이 보여 주는 것은 선악과를 먹는 날에는 "정녕 죽으리라"시던 하나님의 말씀이 맞았다는 것입니다.

"죽었더라, 죽었더라, 죽었더라……."

이 구절이 계속 반복되다가 에녹에 와서 갑자기 이야기가 달라집니다.

"에녹은 육십오 세에 므두셀라를 낳았고 므두셀라를 낳은 후 삼백 년을 하나님과 동행하며 자녀들을 낳았으며 그는 삼백육십오 세를 살았더라."(창세기 5:21-23)

여기에서는 죽음에 관한 이야기가 나오지 않습니다.

에녹은 365세를 향수하고 하나님께 들림을 받은 것입니다.

에녹이 어떤 삶을 살았는지에 대해서는 많은 정보를 가지고 있지 않습니다. 하지만 성경의 두 가지 기록이 그가 어떤 사람이었는지 우리에게 충분히 보여 주고 있습니다. 하나는 신약 성경의 유다의 기록입니다. 유다는 에녹에 관하여 이렇게 썼습니다.

"아담의 칠대 손 에녹이 이 사람들에 대하여도 예언하여 이르되 보라 주께서 그 수만의 거룩한 자와 함께 임하셨나니 이는 뭇 사람을 심판하사 모든 경건하지 않은 자가 경건하지 않게 행한 모든 경건하지 않은 일과 또 경건하지 않은 죄인들이 주를 거슬러 한 모든 완악한 말로 말미암아 그들을 정죄하려 하심이라 하였느니라."(유다서 1:14-15)

이 구절은 바로 예수님의 지상 재림에 대한 예언입니다. 이 기사는 우리에게 충격을 줍니다. 창세기의 초반부의 인물, 즉 아담의 7대 손 에녹이 벌써 예수님의 재림에 관한 예언을 하고 있습니다. 예수님의 탄생에 관한 예언도 아니고, 예수님의 재림에 관한 예언을 했습니다.

그렇게 볼 때에, 그는 하나님의 구속의 계획에 대한 풍성한 지식을 가지고 있었던 인물이었고, 예언자였다는 것을 알 수 있습니다. 그는 당대에 가인의 후손들의 타락한 문화적 영향을 받고 있었던 셋의 후손들을 중심으로 해서 하나님의 심판에 대한 메시지를 선포하던 전도자였습니다.

어느 시대나 하나님의 뜻을 위하여 헌신된 사역자들의 삶은 고독한 싸움일 수밖에 없습니다. 에녹도 그랬을 것입니다. 그래서 에녹에 관한 성경의 또 다른 기록, 즉 그가 아들을 낳아 그 이름을 '므두셀라'라고 지었다는 이야기는 그가 누구인지를 단적으로 보여 주는 또 하나의 사건인 것입니다.

'므두셀라'라는 이름의 뜻은 '이 아이가 죽을 때에 심판이 임한다.'입니다. 이 세상에 누가 방금 태어난, 눈에 넣어도 아프지 않을 사랑스럽고 귀여운 자신의 아들에게 이런 식의 이름을 붙이고 싶은 아빠가 있겠습니까?

이 에녹의 아들의 이름에는 당대의 사람들에게 목놓아 외치고 싶은 에녹의 메시지가 담겨 있습니다. 그는 대단한 전도자였고 또한 예언자였습니다. 하나님과의 교제가 아주 깊었고, 그래서 하나님의 의도와 계획을 아주 깊이 이해하고 있었던 사람입니다.

여기서 우리, 계산을 조금 해 볼까요?

창세기 5장의 기록을 보면 므두셀라는 187세에 라멕을 낳았습니다. 라멕은 182세에 노아를 낳았습니다. 그런데 노아가 600세

되던 해에 홍수 심판이 있었습니다. 이것을 모두 합치면 홍수 심판이 있었을 때 므두셀라가 몇 살이었는지 알 수 있겠지요?

969세입니다. 므두셀라는 969세를 살고 죽었다고 되어 있으므로 바로 므두셀라가 죽던 그 해에 노아의 대홍수가 있었던 것입니다. 얼마나 놀라운 예언이었습니까?

6장으로부터 9장까지 노아의 홍수 이야기가 전개됩니다. 또 10장에서 노아의 후손들의 계보가 나옵니다. 이 계보에서 우리는 온 인류의 뿌리가 어디에 있는지 배울 수 있습니다. 그리고 11장에서 우리는 그 유명한 바벨탑 사건을 봅니다.

여기에서 우리가 주목해 보아야 할 것은 바로 홍수의 심판으로 이 땅에서 죄가 완전히 사라지지 않았다는 것입니다. 홍수가 끝난 후 그 홍수에서 살아남은 장본인인 노아가 포도주에 취해서 추태를 부리는 모습과 그것을 본 아들 함이 동네방네 아버지의 추문을 퍼뜨리는 모습, 그것이 연유가 되었는지 확실치 않지만 그 아들 함의 후손들에 대한 저주에 가까운 아버지의 예언의 모습…… 이런 일련의 이야기들은 심판이 죄를 처단하는 것이긴 하지만 해결의 방법은 아니라는 것을 배우게 됩니다.

사실 우리가 죄를 지어서 죄인이 되는 것이 아니라 죄인으로 태어났기 때문에 죄를 지을 수밖에 없는 것입니다. 그래서 한 아기가 막 태어났을 때 그 해맑고 아름다운 얼굴을 보면서 모두 천사 같다고 하지만 사실은 천사가 아닌 '귀여운 죄인' 하나가 이 땅에 태어난 것일 뿐입니다. 이것이 바로 우리 모두가 첫 사람 아담의 죄를 유전받고 태어난 죄인들이라는 바울의 가르침입니다.

선을 행하며 살도록 교육받지 않은 아이들은 동정심이나 긍휼을 베푸는 것을 전혀 알지 못합니다. 만약 장애를 가진 아이가 한 방에 있다고 할 때, 그 아이가 어른과 함께 있는 것이 안전할까요? 아니면 아이와 함께 있는 것이 안전할까요?

당연히 어른과 함께 있는 것이 안전합니다. 왜냐하면 어른들은 교육을 받았기 때문입니다. 아이들은 장애를 가진 아이를 놀리고, 괴롭히고, 어쩌면 그냥 내버려 두면 폭력을 휘두를지도 모릅니다. 그래서 장애를 가진 아이들을 학교에 보내는 것이 아주 어려운 일입니다.

뿐만 아니라, 자녀들에게 좋은 것을 가르치려면 정말 도시락 싸 들고 쫓아다니며 애를 써야 합니다. 그냥 내버려 두면 절대 아이들은 올바르게 자라지 않습니다.

제가 자주 하는 이야기입니다마는 꽃밭을 망가뜨리기 위해서 땅을 파헤치고, 꽃을 꺾고, 짓밟고, 그렇게 애를 쓸 필요가 없습니다. 그냥 내버려 두면 됩니다. 그냥 내버려 두면 꽃밭은 이내 더 왕성하게 자라는 잡초들과 좋지 않은 것들로 인하여 다 망가지게 됩니다. 아이들도 마찬가지입니다. 인간은 본성 속에 악이 있기 때문에 내버려 두면 그것들이 더욱 왕성하게 자라서 결국은 타락한 인생이 되고 맙니다. 이것이 창세기의 교훈입니다.

11장의 바벨탑 사건은 사실은 굉장히 첨예한 영적 싸움의 배후를 보여 주는 사건입니다. 사람들이 바벨탑을 왜 쌓았을까요?

'탑 꼭대기를 하늘까지 닿게 해서' 무엇을 하려고 했을까요?

이 바벨탑은 사실은 천문대의 기능을 가진 구조물로 쌓아지고 있었습니다.

우리는 고대 바벨론 사회에서 이미 천문학이 대단히 진보해 있었다는 사실을 압니다. 그런데 이 별들의 연구는 점성술과 깊은 연관을 가지고 있습니다.

오늘날까지도 사람들은 자신의 탄생의 별자리를 가지고 점을 치는 일들을 합니다.

우리는 시편 19편을 통해서 하나님께서 해와 달과 낮과 밤 등 모든 별들 속에 모종의 메시지를 숨겨 놓으셨다는 암시를 받습니다.

"하늘이 하나님의 영광을 선포하고 궁창이 그의 손으로 하신 일을 나타내는도다 날은 날에게 말하고 밤은 밤에게 지식을 전하니 언어도 없고 말씀도 없으며 들리는 소리도 없으나 그의 소리가 온 땅에 통하고 그의 말씀이 세상 끝까지 이르도다 하나님이 해를 위하여 하늘에 장막을 베푸셨도다."(시편 19:1-4)

분명 사탄은 사람들을 자극해서 하나님의 그 메시지를 찾아내어 홍수와 같은 하나님의 심판으로부터 자유로워지기 위한 길을 찾게 하고자 했을 것이라고 보여집니다. 다시 말해서 사탄은 인간의 배후에서 문화적인 타락을 조장하여 하나님께 대적하게 하는 일을 고대 사회부터 계속해 왔다는 것입니다.

우리가 여기에서 놓치지 말아야 하는 인물이 있습니다.

그는 바로 노아가 함을 통해서 얻은 후손 중 하나인 '니므롯' 입니다. 그에게는 '세미라미스' 라는 이름의 아내가 있었습니다. 나중에 그녀는 고대 바벨론에서 '하늘의 여왕' 이라고 불리는 독재자가 됩니다. 그녀는 아들이 하나 있었는데 그 아들의 이름이 '탐무스' 입니다.

그녀는 자신이 동정녀로서 '탐무스' 를 낳았다고 주장했습니다. 그리고 이 '탐무스' 가 어느 날 노루 사냥을 나갔다가 멧돼지에게 받혀서 죽었는데, 사람들이 그를 찾아 나섰다가 사흘 만에 그를 찾았다고 합니다. 그런데 사람들이 그를 찾아내었을 때, 그가 갑자기 부활했다는 것입니다. 이때부터 그들은 12월 25일을 '탐무스' 의 생일로 기념하며 명절로 지키기 시작했습니다. 그들은 12월 24일 저녁에 'Yule log' 라고 불리는 장작을 불태우고 다음 날 아침 재가 된 장작 위에 부활을 상징하는 상록수에 고대 바벨론 종교의 상징인 별들을 장식하여 세워 둠으로써 '탐무스' 의 부활을 기념하는 일을 행했습니다.

이 스토리에서 당연히 예수님과 아주 유사한 뭔가를 느끼실 것입니다. 동정녀 탄생, 죽은 지 사흘 만에 부활했다는 것 등 이것이 바로 사탄의 디자인인 것입니다.

사탄은 벌써 창세기로부터 예수님을 믿는 믿음과 아주 유사한 그런 종교 시스템을 획책했습니다. 이 종교가 바로 동방종교로 훗날 로마시대에 보편적으로 성행하게 되는 신앙입니다. 그러나 콘스탄틴 대제가 로마의 황제가 되면서 그가 기독교를 로마의 국교로 공인할 때, 기독교의 신앙과 이 동방종교를 혼합시키는 일을 행했던 것이 오늘날 기독교의 신앙 가운데 아무런 여과 없이 문화로 자리잡고 있는 일들이 많이 있습니다.

예를 들면 크리스마스를 12월 25일로 지키기 시작한 일이라든지, 크리스마스 트리를 장식하는 일이라든지 하는 것들입니다.

이 '세미라미스'의 이름이 로마식으로 바뀐 것이 바로 '에쉬타'입니다. 그녀의 이름이 바로 부활절을 영어로 '이스터(Easter)'라고 부르는 이유가 된 것입니다. 이렇듯이 사탄은 아주 고대적부터 기독교 신앙으로 하여금 순수성을 잃어버린 혼합된 종교가 되게 만들려는 작전을 시작한 것입니다.

결국 하나님께서는 인간의 언어를 흩으심으로써 인간의 하나님께 대한 도전을 수포로 돌아가게 하신 것입니다. 하지만 요한계시록의 마지막 부분에서 "무너졌도다, 무너졌도다, 큰 성 바벨론이여……."라는 이 바벨론 문화의 파괴에 대한 선언이 나올 때까지, 즉 인류 역사의 맨 마지막까지 이 바벨론 문화는 정치, 경제, 그리고 종교의 배후에서 하나님의 역사를 방해하는 세력으로 계속 일할 것입니다.

자, 여기까지가 창세기의 전반부 즉 1-11장의 구조입니다.

다시 말씀 드립니다마는 창세기의 전반부는 네 가지 사건, 즉 창조, 타락, 홍수, 그리고 바벨탑 사건을 보여 주고 있습니다.

이어서 12장으로부터 50장까지, 즉 창세기의 후반부에서 하나님께서는 네 사람의 인물을 우리에게 보여 주셨습니다. 그들은 바로 아브라함, 이삭, 야곱 그리고 요셉입니다.

우리가 이미 살펴본 대로, 창세기의 전반부에서 우리는 아담이 죄를 지었고, 이제 모든 인생은 죄 가운데서 태어났으며, 모든 인간의 문화의 배후에는 사탄의 조장이 자리잡고 있다는 것을 배웠습니다. 그러므로 창세기 후반부에서 하나님께서는 그 죄로부터 인류를 구속하기 위한 구속의 계획을 어떻게 시작하셨는지를 네 사람의 인물들을 통하여 보여 주십니다. 그것이 바로 창세기 후반부의 네 사람의 인물에 대한 이야기입니다.

"여호와께서 아브람에게 이르시되 너는 너의 고향과 친척과 아버지의 집을 떠나 내가 네게 보여 줄 땅으로 가라 내가 너로 큰 민족을 이루고 네게 복을 주어 네 이름을 창대하게 하리니 너는 복이 될지라."(창세기 12:1-2)

하나님께서 갈대아 우르, 즉 고대 바벨론의 근원지로부터 아브라함을 불러내실 때 하나님께서는 그를 '복의 근원'이 되게 하실 것이라고 약속하셨습니다. 많은 경우 사람들은 이 약속이 단순히 하나님께 순종하는 사람에게 약속된 복의 개념으로 생각하지만 그보다 훨씬 깊은 의미를 가지고 있습니다.

사실 아브라함과 사라가 살고 있었던 갈대아 지방은 이미 문화적으로 상당히 발전되어 있었던 지역이었습니다. 고고학자들의 발견에 의하면 이미 그 지방에서 사람들은 목욕탕이 딸린 침실이 있는 주거생활을 하고 있었다고 전하고 있습니다.

하나님께서는 아브라함을 그런 곳으로부터 불러내신 것입니다. 그러고는 "네게 복을 주겠다."고 하셨습니다. 그래서 아브라함이 하나님의 부르심을 따라 히브리서 11장이 이야기하는 것처럼 "갈 바를 알지 못하고" 다만 인도하심을 따라갔습니다.

그렇게 하란을 거쳐 남방으로 점차 옮겨서 드디어 가나안 땅에 도착했을 때, 하나님께서는 아브라함에게 말씀하셨습니다.

우리는 약간 의기양양한 톤으로 아브라함에게 말씀하시는 하나님을 상상할 수 있습니다.

"아브라함아! 여기 서서 동서남북을 바라보아라. 이 땅을 내가 너와 네 후손들에게 주겠다."

어쩌면 아브라함은 깜짝 놀랐을 겁니다.

"아니, 겨우 이런 땅을 주겠다고 저와 제 아내를 갈대아에서 끌어내셨단 말씀입니까?"

그렇습니다. 그런 문화도시를 떠나서 아브라함의 식구들은 이제

먼지바람이 항상 불고 있고, 집이라곤 그저 천막뿐인 그런 가나안의 삶으로 들어온 것입니다. 사라는 마음껏 샤워조차 할 수 없는 그런 상황에 조금은 황당했을지도 모릅니다. 모든 것이 불편한 천막생활로 접어들었으니까요. 하지만 사라는 대단히 순종적 성향의 여인이었고 모든 것을 감수했습니다. 그들의 이러한 순종적 선택이 바로 우리들 모두의 축복이 되었습니다.

따라서, 하나님께서 아브라함에게 약속하셨던 복의 근원이 되는 복은 바로 그가 예수님의 조상이 되는 복을 의미하는 것이 틀림없습니다. 사실 아브라함은 이 세상에서 나그네로 살다가 죽었고, 그가 죽기까지도 가나안 땅을 차지하지 못했습니다. 하나님의 약속대로 그의 후손들이 애굽에 내려갔다가 4대 만에 다시 돌아온 후에나 가나안 땅을 차지하게 됩니다.

틀림없이 하나님께서 약속하셨던 아브라함의 축복은 많은 인류에게 메시야의 가계를 제공하는, 그럼으로써 복의 근원이 되는 복이었습니다.

이삭과 야곱, 그리고 요셉의 생은 그런 점에서 예수 그리스도에 관한 대단히 많은 이야기들을 담고 있습니다.

아브라함이 만났던 멜기세덱의 이야기, 이삭을 모리아 산에서 제물로 드릴 뻔했었던 사건, 야곱의 얍복강에서의 씨름, 요셉의 이야기 등 모든 이야기들이 예수 그리스도를 직간접으로 예언하고 있는 암시들로 가득합니다.

예수님께서는 모세의 율법과 시편과 선지자의 글들이 모두 예수님 자신에 대해서 말하고 있다고 하셨습니다. 우리가 성경을 공부해야 하는 가장 중요한 이유 중 하나가 바로 그것을 찾는 일입니다. 그래서 다음 장에서는 예수 그리스도를 중심으로 창세기를 조명해 보는 시간을 가집니다.

생각해 봅시다!

1. 이 장에서 특별히 배운 것은 무엇입니까?

2. (   )사건은 굉장히 첨예한 영적 싸움의 배후를 보여주는 사건입니다.

3. 하나님께서 아브라함에게 약속하신 복의 근원이 되는 '복'의 의미는 무엇일까요?

창세기 속의 예수님(1)

앞에서 말씀 드렸던 것처럼, 예수님께서는 모든 율법과 시편 그리고 선지자의 글들이 예수님에 관하여 기록하고 있다고 하셨습니다. 우리는 이제까지 창세기의 역사적 위치와 성경에서의 위치, 그 구조적 체계에 대하여 이야기했습니다.

창세기에 나타난 예수님에 관한 기사

창세기 1장 1절부터 이미 예수님이 나타나고 계시다는 것을 아십니까?

"태초에 하나님이 천지를 창조하시니라."

여기에서 하나님의 명칭은 히브리어에서 'Elohim(엘로힘)' 입니다. 사실 이 단어는 'El(엘)' 의 복수 형태입니다. 이 단어는 창세기의 인물들이 경험한 성부 하나님에 관한 묘사를 위하여 사용되었습니다.

예를 들면 창세기 14장에서 아브라함은 그를 찾아온 멜기세덱을 통하여 '지극히 높으신 하나님(El Elyon; 엘 엘룐)'을 경험했습니다.

그 후 창세기 16장에서 아브라함에게 쫓겨난 하갈은 자신을 찾아오신 '감찰하시는 하나님(El Loi: 엘 로이)'을 경험했습니다. 그래서 그녀는 자신이 발견한 샘물을 '감찰하심의 샘물(브엘라헤로이)'라고 부른 것입니다.

창세기 17장에서 아브라함은 다시 자신을 찾아오신 하나님을 만나는데 이때 하나님은 '전능하신 하나님(El Shadai: 엘샤다이)'이라고 선포되고 있습니다.

훗날 창세기 21장에서 아브라함은 자신의 일생 가운데 함께하신 하나님을 기념하기 위하여 브엘세바에 에셀 나무를 심고 그 숲에서 '영생하시는 하나님(El Olam: 엘 올람)'의 이름을 불렀습니다.

이렇게 'El'이란 단어는 하나님의 이름의 단수 형태로써 사용되었습니다. 하지만 이 'El(엘)'의 일반적 복수 형태는 'Ella(엘라)'입니다. 그러나 유독 이 'El(엘)'이 셋 있을 때의 복수 형태가 바로 'Elohim(엘로힘)'입니다. 따라서 우리는 창세기 1장 1절에 나오는 하나님의 이름 'Elohim(엘로힘)'속에서 이미 삼위일체 즉 성부, 성자, 성령 하나님을 발견하게 됩니다. 그러므로 창세기 1장 1절에서 우리는 삼위일체 속에 계신 예수님의 모습을 볼 수 있습니다.

하나님의 창조의 기사를 보십시오.

"하나님이 가라사대 빛이 있으라 하시매 빛이 있었고, 그 빛이 하나님 보시기에 좋았더라."

하나님께서는 말씀으로 천지를 창조하셨습니다. 그리고 신약 성경에서 요한은 이 말씀이 곧 하나님이셨고, 그 말씀의 현현이 바로 예수님이셨다고 선포합니다.

"태초에 말씀이 계시니라 이 말씀이 하나님과 함께 계셨으니 이 말씀은 곧 하나님이시니라 그가 태초에 하나님과 함께 계셨고 만물이 그로 말미암아 지은 바 되었으니 지은 것이 하나도 그가 없이는 된 것이 없느니라."(요한복음 1:1-3)

"말씀이 육신이 되어 우리 가운데 거하시매 우리가 그의 영광을 보니 아버지의 독생자의 영광이요 은혜와 진리가 충만하더라."(요한복음 1:14)

창세기 3장에서 아담이 타락했을 때 하나님께서는 뱀을 저주하셨습니다. 그 말씀에서 하나님께서는 명백히 예수님의 오심에 대해서 선포하셨습니다.

"내가 너로 여자와 원수가 되게 하고 네 후손도 여자의 후손과 원수가 되게 하리니 여자의 후손은 네 머리를 상하게 할 것이요 너는 그의 발꿈치를 상하게 할 것이니라 하시고."(창세기 3:15)

여기에서 우리는 예수님께서 '여자의 후손'으로 소개되신 것을 봅니다. 이 말씀은 바로 예수님의 동정녀 탄생(Virgin Birth)을 예언하고 있는 말씀입니다.

남자의 몸을 빌지 않고 오직 동정녀에게서 탄생하실 예수님이시기에 예수님은 '여자의 후손'으로 소개된 것입니다. 이 말씀에서 여자의 후손이 뱀의 머리를 칠 것이라고 했던 것처럼 그는 십자가 위에서 뱀의 머리를 부수셨습니다.

창세기 14장에서 우리는 매우 흥미로운 인물을 발견합니다. 그것은 바로 가나안 남북 전쟁에서 포로로 잡혀갔던 소돔의 백성들을 구출해서 돌아온 아브라함을 만났던, '지극히 높으신 하나님의 제사장' 멜기세덱이라는 인물입니다.

성경은 그를 지극히 높으신 하나님의 제사장이며 동시에 '살렘 왕'이라고 소개합니다. 하지만 우리는 '살렘'이라는 도시국가에 대한 정보를 전혀 갖고 있지 않습니다. 혹자는 이 살렘이 훗날의 예루살렘이라고 하지만 사실 예루살렘이라는 도시는 다윗 시대에 와서야 만들어졌던 것입니다. 그때까지 이 도시는 '여부스' 족속이 차지하고 있었던 '여부스' 땅으로 불렸습니다. 그 도시를 다윗이 빼앗아서 예루살렘 즉 '평화의 도시'로 불렀던 것입니다.

그래서 우리는 이 멜기세덱이라는 인물이 실존했었던 인물인가에 대해서 확신할 수가 없습니다.

한편, 이 멜기세덱에 대하여 우리에게 대단히 흥미로운 사실을 전해 주는 사람이 있습니다. 그는 신약 성경의 히브리서 기자입니다. 성경은 히브리서 기자가 누군지에 대해서 침묵하고 있습니다.

어떻든 히브리서 기자는 히브리서 5장으로부터 7장까지에서 이 멜기세덱이라는 인물에 대하여 다루고 있습니다. 그중 괄목할 만한 것은 히브리서 기자가 멜기세덱이라는 이름을 고유명사가 아닌 보통명사로 해석하고 있다는 것입니다.

'살렘 왕'이라는 것도 마찬가지입니다. 우선 '멜기세덱'이라는 그의 이름은 '멜렉(왕)'이라는 단어와 '체데크(의)'라는 단어의 합성어입니다. 그러므로 이 이름의 의미는 '의의 왕(the King of righteousness)'입니다. 또한 살렘이란 히브리어의 '샬롬'에서 온 말로, 살렘 왕을 보통 명사로 해석하면 '평화의 왕(the Prince of Peace)'이 되는 것입니다.

"이 멜기세덱은 살렘 왕이요 지극히 높으신 하나님의 제사장이라 여러 왕을 쳐서 죽이고 돌아오는 아브라함을 만나 복을 빈 자라 아브라함이 모든 것의 십분의 일을 그에게 나누어 주니라 그 이름을 해석하면 먼저는 의의 왕이요 그 다음은 살렘 왕이니 곧 평강의 왕이요."(히브리서 7:1-2)

흥미로운 사실은 이 '의의 왕'과 '평강의 왕'은 모두 구약 성경에서 예수 그리스도를 지칭하는 예언적 명칭으로 쓰였다는 것입니다. 그래서 히브리서 기자는 멜기세덱에 대하여 이런 설명을 부연하고 있습니다.

"아버지도 없고 어머니도 없고 족보도 없고 시작한 날도 없고 생명의 끝도 없어 하나님의 아들과 닮아서 항상 제사장으로 있느니라."(히브리서 7:3)

저는 개인적으로 이 부분에서 히브리서 기자가 멜기세덱이 바로 '화육하기 이전의 그리스도(the Pre-incarnated Christ)'이셨다는 것을 암시하고 있다고 봅니다. 아비도 어미도 족보도 없는 자가 이 세상에 어디 있겠습니까?

자존하신 하나님뿐이십니다. 게다가 그는 '하나님의 아들'이시며 또한 영원한 제사장이십니다.

아브라함은 소돔 백성들이 빼앗겼던 모든 것을 되찾아 돌아오는 길에 멜기세덱에게 그의 노략물 일체의 십일조를 드렸습니다. 그리고 멜기세덱은 떡과 포도주를 가지고 나와서 아브라함의 힘을 북돋워 주었습니다. 이 장면은 아브라함이 예수님과 성찬식을 함께하는 광경같이 보입니다. 너무나 멋진 장면 아닙니까?

여기에서 저는 아브라함이 멜기세덱에게 드렸던 십일조에 대하여 좀 상기시켜 드리고 싶습니다.

사실 아브라함은 소돔 백성들과 함께 포로로 끌려갔던 그의 조카 롯을 위하여 이 전쟁을 치르었습니다. 집에서 길러온 사병(私

兵) 318명을 데리고 밤에 기습하여 승리에 도취되어 있던 적군들을 급습하고 대승을 거두었습니다. 그러나 그가 승리하고 돌아올 때 소돔 왕 베라가 그를 맞으러 나왔습니다. 그리고 그는 아브라함에게 말했습니다.

"본래 그 모든 전리품들 이다 소돔의 것이었지만 너에게 주겠다. 그러나 백성들은 내게로 돌려보내라."

물론 그 전리품들은 당연히 아브라함의 승리의 산물이므로 아브라함이 취할 수 있었습니다. 그러나 아브라함은 훗날 소돔 왕이 동네방네 다니면서, "내가 아브라함을 부자 되게 만들어 주었다." 고 떠벌리게 될 것을 원치 않았습니다.

우리는 여기에서 아브라함의 하나님을 향한 순결을 봅니다. 그는 자신이 오직 하나님의 축복만으로 부자 되었다는 이야기를 할 수 있는 간증자가 되고 싶었습니다. 즉 하나님 한 분께만 자신의 모든 영광을 돌리고 싶었던 것이죠. 그는 실로 타협을 원치 않았던 순결한 신앙인이었습니다. 결국 아브라함은 "나는 네게서 신발끈 하나도 가져가지 않겠다."고 말하면서 모든 전리품들을 소돔 왕에게 돌려 주었습니다.

그러고 나서 창세기 15장에 들어가면서 우리는 쓸쓸히 해질녘 광야에 홀로 서 있는 아브라함을 봅니다.

저는 이것이 우리의 인생이라고 생각합니다. 이른 아침부터 저

녁 늦게까지 힘겹게 일하고, 물 먹은 솜방망이처럼 묵직한 피곤에 찌든 몸으로 집에 돌아와서 침대에 몸을 던져 잠들었다가, 그 피곤이 채 가시기도 전에 다시 일어나 일터로 나가서 또다시 일을 하고, 우리는 그렇게 힘겨운 삶을 삽니다. 그러나 그렇게 해서 생의 싸움을 통해 얻은 것 가운데 영원히 우리 것이 될 수 있는 무엇이 있습니까? 그것이 우리를 더욱 공허하게 하는 것 아니겠습니까?

사실 아브라함도 그의 마음 속에 두려움과 공허감이 가득했었습니다. 제가 그렇게 장담할 수 있는 것은 하나님께서 아브라함에게 그렇게 말씀하셨기 때문입니다.

우리가 우리 속에 있는 무엇을 하나님 앞에서 숨길 수 있겠습니까?

"혹시 가나안 북쪽의 연합군대가 다시 전열을 재정비하여 나를 향해 복수해 오는 것은 아닐까?" 하는 두려움과 "이렇게 피곤하고 힘겹게 싸워서 내가 얻은 것은 무엇인가? 이렇게 공허한 것이 인생인가?" 하는 공허감이 아브라함을 휩싸고 있었던 것입니다. 사실 이 상황에서 아브라함을 더욱 외롭게 했던 것은 그의 조카 롯이 다시 소돔으로 돌아갔다는 사실이었을 것입니다. 그때 하나님께서 아브라함을 찾아오십니다. 그리고 선포하셨습니다.

"이 후에 여호와의 말씀이 환상 중에 아브람에게 임하여 이르

시되 아브람아 두려워하지 말라 나는 네 방패요 너의 지극히 큰 상급이니라."(창세기 15:1)

저는 여기에서 확신시켜 주고 싶습니다.

아브라함은 하나님을 얻었습니다. 하나님을 얻는 삶을 사십시오. 그것이 인생에서 유일하게 남는 것입니다. 그러고 보니 아브라함이 멜기세덱에게 바쳤던 십일조는 영원히 아브라함의 것으로 남게 되었네요. 그렇지 않습니까? 모든 것이 아브라함의 손을 떠나갔지만 그가 모든 것이 자신의 손에 있을 때에 하나님께 바쳤던 것은 영원히 그의 것으로 남은 것입니다. 이것이 바로 예수님을 믿는 우리 성도들의 영광과 축복입니다.

하나님께서는 아브라함에게 말씀하십니다.

"내가 너의 상급이다."

"내가 너의 것이다."

삶의 열매가 이보다 더 좋을 수 있겠습니까?

바로 그 자리에서 하나님은 다시 아브라함에게 예수님에 관한 약속을 주십니다.

"네 몸에서 난 씨가 네 후사가 되리라."

아브라함에게서 하늘의 별처럼, 땅의 모래처럼 많은 자손이 날 것이지만, 항상 이 언약에서 하나님은 '씨(Seed)'라는 단어를 단수로 사용하셨습니다. 그것은 곧 많은 아브라함의 후손 가운데 오직 한 분 예수님을 지칭하고 있는 것입니다. 아브라함은 하나님의 언약을 믿었습니다. 다시 말해서 예수님에 관한 하나님의 약속을 믿은 것입니다. 그래서 하나님은 그를 의롭다고 여겨 주셨습니다.

"아브람이 여호와를 믿으니 여호와께서 이를 그의 의로 여기시고."(창세기 15:6)

로마서에서 바울이 말한 것처럼 아브라함도 역시 우리들처럼 예수님을 믿고 의롭다 하심을 얻은 것입니다. 놀랍죠?

다음은 창세기 22장의 모리아 산 제사의 광경입니다.

하나님께서는 아브라함에게 명령하셨습니다.

"네 사랑하는 아들, 네 독자 이삭을 내가 지시할 한 산으로 가서 거기서 내게 번제로 드리라."

여기서 우리는 '사랑'이라는 단어와 '독자'라는 단어에 주목해야 합니다. 성경 전체에서 '사랑'이라는 단어가 최초로 쓰인 곳이 바로 여기입니다. 우리는 그 단어가 최초로 어떻게 쓰였는지를 공부함으로써 그 단어의 진의를 알 수 있습니다. 오늘날에 와서는 '사랑' 하면 '어머니의 사랑'을 가장 먼저 떠올리는 것 같습니다마는 사실 성경에서 '사랑'은 '아버지의 사랑'을 가장 먼저 사용하고 있습니다. 그리고 이 구절은 다름 아닌 니고데모에게 주셨던 예수님의 말씀을 암시하고 있는 것입니다.

"하나님이 세상을 이처럼 사랑하사 독생자를 주셨으니 이는 그를 믿는 자마다 멸망하지 않고 영생을 얻게 하려 하심이라."

(요한복음 3:16)

'사랑'과 '독자' 이 두 단어가 이 구절의 중심입니다.

사실 아브라함에게 있어서 이삭은 독자가 아니었습니다. 이삭 이전에 이스마엘도 있었고 그 후에도 아브라함은 다른 자녀들을 얻었습니다. 하지만 **유독 이삭이 독자라고 표현된 데에는 두 가지 의미**가 있습니다.

첫째는, 하나님께서는 믿음으로 하지 않은 것은 아무것도 인정해 주지 않으신다는 것입니다. 오직 믿음으로 행한 것만이 영원히 남습니다.

바울 사도가 고린도 교인들에게 우리 성도들이 하나님 앞에 설 때에 불로써 우리 공력을 심판하시는 때가 온다고 했을 때, 그 심판은 천국행과 지옥행을 결정짓는 심판이 아닙니다. 그것은 성도들에게 상급 주시는 심판을 의미합니다.

우리는 이미 구원을 얻었으므로 심판을 받지 않습니다.

여기에서 불에 타지 않는 정금으로 집을 지은 사람은 다름 아닌 '믿음으로 행한' 사람을 말합니다. 하나님은 우리의 모든 행동의 동기가 무엇인지를 살피시는 분이십니다. 하나님께는 오직 믿음으로 행한 일들만이 남습니다.

둘째는, 여기에서 이삭이 독자로 강조되고 있는 것은 이제부터

이 장면에서 이삭이 철저히 하나님의 독생자이신 예수 그리스도를 보여 줄 것이기 때문입니다.

생각해 봅시다!

1. 이 장에서 발견한 예수님에 대하여 배운 점은 무엇입니까?

2. 창세기 14장에 나타난 (   )은 히브리서와 관련하여 볼 때 화육하기 이전의 그리스도인을 암시합니다.

3. 창세기 22장에서 이삭이 독자라고 표현된 데에는 두 가지 어떤 의미가 있습니까?

창세기 속의 예수님(2)

세기 22장에 나타난 예수님의 그림자들에 대한 공부가 계속됩니다.

하나님께서는 아브라함의 다른 아들들이 있었지만 이삭을 '독자(Only begotten son)' 라고 불렀습니다.

거기에는 두 가지 이유가 있다고 했습니다.

첫 번째 이유는, 하나님께서 우리들이 믿음으로 행한 일들만을 받아들여 주시기 때문이라고 했습니다.

두 번째 이유는, 이삭에게 벌어지는 모든 일들이 하나님의 독생자 예수 그리스도에 관한 일들의 선명한 그림자로 쓰일 것이기 때문입니다.

우선 하나님께서 아브라함에게 이삭을 제물로 드리라고 명령하신 때로부터 이삭은 사실상 죽은 자로 여겨졌습니다. 그러나 사흘 만에 그들이 모리아 산에 당도했고, 하나님께서 이삭을 대신하여 숫양을 준비해 주심으로써 이삭은 다시 산 자가 된 것입니다. 이것은 예수님께서 십자가에 죽으신 후 사흘 만에 부활하신 것을 보여 줍니다.

고린도전서 15장에서 바울은 복음의 기본 골자를 "성경대로 그리스도께서 죽으시고, 성경대로 장사되셨다가, 성경대로 사흘 만에 다시 살아나신 것"으로 설명하고 있습니다.

그리스도의 죽으심과 장사되심에 대한 문자적인 예언들이 구약 성경에 많이 나타나 있습니다마는 사실 사흘 만에 부활하신 것에 대해서 구약 성경이 어떤 직접적인 예언을 하고 있는지 우리는 찾을 길이 없습니다. 그러나 여기 창세기 22장의 이삭의 경우가 예수 그리스도에 대한 모형적인 그림자였다고 본다면 우리는 바로 이 자리가 바울이 인용한 예수님의 부활에 대한 예언이었다고 볼 수 있습니다.

아브라함은 아침 일찍이 일어나 나귀에 안장을 얹고 사환들을 데리고 이삭과 함께 길을 떠났습니다. 이것은 아브라함이 진실로 하나님께서 요구하시는 제사를 드리고자 하는 의지가 있었음을 보여 줍니다. 아브라함이 이 중요한 결정을 내리면서 그의 아내와 의논하지 않았다는 것은 참으로 흥미로운 일이라 하겠습니다.

혹시 예전에 그의 아내와 의논하고 행했던 일이 처절한 실패로 끝났다는 교훈 때문이었을까요? 아니면 지금 아브라함이 행하려 하는 일을 사라가 알게 된다면 절대로 동의하지 않을 것이라는 생각 때문이었을까요?

둘 다 가능성이 있어 보입니다. 우리는 여기에서 신앙적인 중요한 결정을 내릴 때에 때로 골육과 친척과 상의하지 아니하고, 하나님의 요구를 직접 따르는 일이 중요하다는 것을 배울 수 있습니다.

그들이 모리아 산에 도착했을 때에 아브라함은 사환들에게 말했습니다.

"이에 아브라함이 종들에게 이르되 너희는 나귀와 함께 여기서 기다리라 내가 아이와 함께 저기 가서 예배하고 우리가 너희에게로 돌아오리라 하고."(창세기 22:5)

바로 이 부분이 성경에서 '예배(Worship)'라는 단어가 문자적으로 처음으로 쓰인 장소입니다.

성경에서 예배가 처음으로 언급된 자리가 아들을 제사하는 자리였다는 것이 참으로 의미 있습니다. 우리의 예배는 사실상 하나님께서 아들을 십자가 위에 내어 주심으로써 가능해졌기 때문입니다.

예배는 히브리어의 개념으로는 '엎드린다'는 의미를, 헬라어의 개념으로는 '입맞춘다'는 의미를 갖고 있습니다. 우리를 위하여 아들을 내어 주신 하나님 앞에, 우리의 전 인격을 엎드리는 것, 그리고 그 사랑에 우리의 마음을 다한 입맞춤이 담긴 찬양과 경배로써 다가가는 것이 아닐까요?

여기서 우리말 성경에서는 번역되어 있지 않지만 사실상 히브리어 본문에서는 '아이와 함께' 라는 구절이 '경배하고' 와 '돌아오리라' 에 모두 연결이 됩니다.

다시 말해서 이 구절은 문자적으로 '내가 아이와 함께 저기 가서 경배하고, 아이와 함께 너희에게로 돌아오리라.' 입니다.

우리는 여기에서 아브라함이 이삭을 번제로 바칠 계획을 가지고 산에 오르고 있다는 것을 압니다. 그리고 아브라함은 분명 하나님께서 이삭을 다시 살리실 것을 확신했다는 것도 알 수 있습니다.

이것은 우리들만의 추측이 아닙니다. 같은 성령님의 감동으로 로마서를 기록한 바울은 로마서 4장에서 아브라함의 믿음에 대하여 우리들에게 가르쳐 주었습니다.

그는 **아브라함의 믿음을 두 가지로 요약**했습니다.

첫째는 '없는 것을 있는 것같이 부르시는 하나님' 즉 창조의 하나님을 믿었다는 것입니다.

이미 100세나 되어서 생산의 능력이 전혀 없었던 그에게 아들을 주실 것을 믿었다는 것입니다.

둘째는 '죽은 자를 다시 살리시는 하나님' 즉 부활의 하나님을 믿었다는 것입니다.

여기서 바울은 분명히 아브라함이 이삭을 죽여도 하나님께서 그를 다시 살리실 것을 믿었다고 말하고 있습니다.

이제 이삭은 등에 자신을 불태울 나무를 지고 산에 오릅니다. 아브라함의 손에는 이삭을 향해 내리쳐질 칼과 그를 불사를 불이 들려 있었습니다. 이 모습은 예수님께서 십자가를 지시고 갈보리 언덕에 오르시던 광경을 보여 주는 것 아니겠습니까? 예수님의 등에는 나무 십자가, 즉 예수님께서 짊어지고 돌아가실 형틀이 메여져 있었습니다. 그리고 하나님 아버지의 손에는 인류의 모든 죄악에 대한 심판의 칼이 들리어 있었습니다.

이때, 이삭이 아브라함에게 물었습니다.

"아버지, 여기 나무도 있고 불도 있는데 번제에 쓸 어린 양은 어디 있습니까?"

정곡을 찌르는 질문 아니겠습니까?

이때 아브라함은 대답했습니다.

"아들아, 번제에 쓸 어린 양은 하나님께서 자신을 위하여 친히 준비하시리라."

여기에 우리말의 번역에서 덧붙여진 부분이 있습니다.

그것은 바로 '위하여' 라는 단어입니다. 사실 본래는 '하나님께서 자신을 친히 어린 양으로 준비하시리라.' 입니다.

어린 양은 바로 하나님이신 예수님 자신이었습니다. 사실 엄밀히 따지면 여기에서 아브라함이 언급하고 있는 어린 양은 절대 수풀에 뿔이 걸려서 이삭을 대신하여 죽음을 당한 그 양이 아닙니다.

아브라함은 분명 그때로부터 약 2,000년 후에 바로 그 자리에서 십자가에 죽으실 유월절의 어린 양 예수 그리스도를 지적하고 있었습니다.

뿔이 수풀에 걸려 있었던 양은 '어린 양(Lamb)' 이 아니고 '수양(Ram)' 입니다. 비슷하지만 전혀 다른 종류인 것입니다.

바로 그 모리아 산 위의 오르난(혹은 아라우나)의 타작 마당을 다윗이 값을 지불하고 산 후 거기에서 하나님께 번제를 드렸습니다. 오르난은 다윗에게 "왕이 원하신다면 언제라도 그 땅을 사용하라."고 했지만 다윗은 "내가 값을 지불하지 않고 하나님을 예배하지 않겠다."고 하면서 그 땅을 분명히 샀습니다.

이것은 오늘날 아무런 대가를 치르지 않고 예배를 드리려는 현대 그리스도인들에게 참 좋은 교훈을 줍니다.

에베소서에서 바울은 점차로 악해져 가는 이 세상에서 지혜로운 성도의 삶이 무엇인지를 가르쳤습니다. 이때 바울은 어리석은 자처럼 살지 말고, 지혜로운 자처럼 행하여 "세월을 아끼라"(5:16)

고 말합니다. 이 말은 '시간을 아끼라'는 의미이고, 문자적으로 직역하면, '시간을 사라'는 뜻입니다.

그러고 나서 바울은 "시와 찬미와 신령한 노래들로 서로 화답하고, 너희의 마음으로 주께 노래하며, 찬송하며, 범사에 우리 주 예수 그리스도의 이름으로 항상 아버지 하나님께 감사하라."(5:19)고 말합니다.

즉 이 악한 세대에서 가장 지혜로운 삶은 하나님을 예배하는 삶이라는 것입니다.

그 속에 성령 충만이 있고, 그 속에 진실로 이 세상의 악을 추종하지 않고 예수 그리스도의 형상을 닮아 가는 비밀이 있습니다. 여기서 우리가 잊지 말아야 할 것은 바울이 권고한 '시간을 사라'입니다. 무엇을 산다는 것은 대가가 지불된다는 것을 의미합니다. 우리가 진정으로 하나님과 예배를 통한 교제의 삶을 원한다면 그 대가가 지불되더라도 주님과 교제할 수 있는 시간을 사야 합니다.

저는 예수님의 잔치에 대한 비유가 이 의미와 무관하다고 생각지 않습니다. 초대되어진 왕의 잔치에, 어떤 사람은 새로 산 소와 밭을 시험하러 가 봐야 하고, 어떤 사람은 시집도 가고 또 장가도 가야 하므로 오지 못했습니다. 아마도 오늘날 이 시대 사람들의 최고의 핑계는 '시간이 없어서'일 것입니다. 어떤 반드시 해야 할 일들을 하지 못했을 때, 중요한 약속을 지키지 못했을 때, 사람들은 입을 모아서, '너무 바빠서' 혹은 '너무 시간이 없어서'라고 말합니다.

그렇습니다. 우리는 예수님의 비유처럼 바쁜 시대에 살고 있습니다. 시간이 없죠. 비즈니스 때문에, 쾌락을 찾아 얻는 일들 때문에, 자식들의 일로…… 하지만 그런 일들을 모두 충족시킨 후에 하나님과 교제하려면 그 사람은 평생 시간을 얻지 못할 것입니다. 실로 하나님과의 사귐을 위해서는 대가가 지불되어야 합니다. 다윗은 왕의 특권을 이용해서 대가를 지불하지 않고 드리는 제사는 하나님과의 진정한 사귐 가운데로 자신을 이끌지 못할 것이라고 믿었고, 그의 제사는 결국 훗날 아주 의미 있는 하나님의 역사를 위한 중요한 초석이 됩니다.

그의 아들 솔로몬이 바로 그 자리, 즉 모리아 산에 성전을 지었습니다.

"솔로몬이 예루살렘 모리아 산에 여호와의 전 건축하기를 시작하니 그 곳은 전에 여호와께서 그의 아버지 다윗에게 나타나신 곳이요 여부스 사람 오르난의 타작 마당에 다윗이 정한 곳이라."(역대하 3:1)

그러나 솔로몬이 지었던 그 성전은 바벨론의 느부갓네살에 의하여 완전히 부서지고 불타 버렸습니다. 그리고 포로생활에서 돌아온 후 스룹바벨의 지도 아래에서 다시 성전이 재건되었는데 우리는 그 성전을 스가랴 성전이라고 부릅니다.

그러나 이 성전 역시 헤롯 왕에 의해서 부서지고 다시 세워졌습니다. 헤롯 왕은 이두메인으로서 유대인들의 미움을 사고 있었기 때문에 그들의 환심을 사기 위하여 성전을 새로 지어 주었습니다.

이러는 과정에서 바로 그 모리아 산의 화강암 층으로 형성된 부분이 대리석 광산으로 사용되었고, 그곳에서 채석을 하는 과정에서 큰 바위 산에 구멍이 뻥 뚫려 있었던 것이 멀리서 보면 마치 해골처럼 보였기 때문에 그곳을 히브리어로 '해골의 장소'라는 의미를 가진 '골고다'로 부르기 시작했습니다. 훗날 성경이 라틴어로 번역될 때 이 '골고다'가 '갈보리'로 번역이 되었습니다.

그러므로 이삭이 하나님께 드려질 뻔했던 바로 그 자리가 아브라함의 예언대로 예수님, 즉 하나님의 어린 양께서 십자가에 못 박혀 죽으신 바로 그 골고다 혹은 갈보리 언덕입니다. 아브라함이 말했던 그대로 하나님이신 예수님께서 자신을 친히 인류의 구속을 위한 어린 양으로써 제공해 주신 십자가 사건이 바로 그 자리에서 일어난 것입니다.

이때 이삭의 나이는 많은 사람들이 추측하는 대로 겨우 아장아장 걸을 수 있는 어린아이의 나이가 절대 아니었습니다. 그런 어린아이가 어떻게 번제의 나무를 메고 산을 오를 수 있었겠습니까?

특별히 아브라함이 '아이와 함께'라고 했을 때 사용된 '아이'라는 단어가 히브리어의 '나알'인데요, 이 단어는 사환들에게 사용되었던 동등한 호칭이었습니다. 구약 성경에서 한 사람이 정식으로 사환, 혹은 종으로 쓰일 수 있었던 나이는 30세였습니다.

또한 이 단어가 훗날 애굽의 보디발이 바로 왕 앞에 "내가 히브리 소년 하나를 알고 있다."고 요셉을 소개할 때 '소년'이라고 번역된 단어로써 다시 한 번 쓰이게 됩니다.

물론 이때도 요셉의 나이가 30세였습니다. 그런 점에서 생각해 볼 때, 이때 이삭의 나이는 이미 30세를 넘어서 있었습니다.

예수님께서 십자가에 달리실 때의 나이와 가깝습니다. 이미 30세를 넘어선 아들이 벌써 100세가 넘은 아버지가 자기를 결박하고 칼을 들어 죽이려 할 때까지도 침묵하면서 순종할 수 있었다는 사실이 더 놀랍습니다. 이것이 바로 우리 예수님의 순종을 보여 주는 장면입니다.

아브라함은 숫양을 잡아서 거기에서 제사하면서 그곳 이름을 '여호와 이레'라고 불렀습니다. 즉 '예비하시는 하나님'이라는 의미입니다.

우리는 이 '여호와 이레'를 참 좋아합니다. 그러나 하나님은 우리 일상을 위해서 필요한 것들을 예비해 주시는 것만 아니라, 우리의 구속을 위하여 그 아들을 예비해 주신 분이십니다. 그것이 훨씬 중요한 일입니다.

그것을 생각할 때 우리는 바울이 말한 것 처럼 "하나님의 아들을 우리를 위하여 내어 주신 이가, 그 아들과 함께 이 모든 것을 은사로 주지 아니하시겠느뇨?"(로마서 8:32)라는 확신을 가질 수 있습니다. 우리의 하나님은 우리의 구원과 성령의 은사에 따른 능력의 삶을 예비해 주시는 분이십니다.

그리고 창세기 24장에서 우리는 다시 한 번 이삭의 결혼식 광경을 통해서 예수님의 그림자를 보게 됩니다.

이삭의 아버지 아브라함이 사환 엘리에셀을 불러 놓고 이삭의 신부를 구해 오라고 부탁합니다. 여기에서 아브라함은 성부 하나님을, 이삭은 성자 예수님을, 그리고 엘리에셀은 성령님을 보여 줍니다. 아브라함은 가나안이 아닌, 아브라함의 고향 즉 이방 땅으로 가서 이삭의 신부를 찾아오라고 했습니다. 예수 그리스도의 신부는 바로 이방 땅에서 주로 탄생되고 있는 것입니다.

교회와 성도들이 바로 예수 그리스도의 신부입니다. 그리고 이방 땅의 복음 전파와 예수 그리스도의 증거를 위하여 역사하시는 분이 바로 성령님이십니다.

특별히 '엘리에셀'이라는 이름의 뜻은 '도우시는 하나님'입니다. 이 말을 신약 성경의 언어로 바꾸면 바로 '보혜사'입니다. 같은 이름 아닙니까?

예수님께서는 제자들에게 "오직 성령이 너희에게 임하시면 너희가 권능을 받고 예루살렘과 온 유대와 사마리아와 땅 끝까지 이르러 내 증인이 되리라 하시니라."(사도행전 1:8).라고 하셨습니다. 바로 성령님의 주된 역할은 예수 그리스도를 증거하는 일입니다. 그래서 죄인들을 구원하여 그리스도의 신부가 되게 하는 것입니다.

오늘날 성령님의 은사에 대하여 사람들이 가지고 있는 잘못된 생각은 이 은사가 자신의 영광을 위한 전유물이라는 생각입니다. 바울은 하나님께서 각 사람에게 은사를 부어 주신 것은 성령님 자신의 뜻을 따라 하시는 것이고, 그 은사의 최고의 목적은 바로 그리스도의 몸, 즉 교회를 세우는 일이라고 확실히 말하고 있습니다(고린도전서 12, 14장 참조).

리브가는 이삭의 신부가 되기 위하여 가장 고약한 탈 것 중 하나로 알려져 있는 약대를 타고 수일간 사막을 건너 이삭을 찾아 갔습니다. 이것이 바로 그리스도의 신부들인 우리 성도들이 예수님의 신부가 되기 위하여 주님을 찾아가는 길입니다. 엘리에셀이 리브가를 인도해 갔듯이, 그 길에서 성령님께서 항상 우리와 함께 동행하십니다. 엘리에셀은 시시로 리브가에게 아브라함이 준 선물을 내어 보였을 것입니다.

그리고 "아브라함은 큰 부자였고 그 모든 부를 이삭에게 상속했습니다. 당신이 이삭의 아내가 되면 그 모든 것을 차지하게 됩니다." 라고 격려했을 것입니다. 이것이 바로 성령님의 역할인 것입니다.

'선물'과 '은사'는 같은 Gift입니다. 성령님은 우리 성도들, 즉 그리스도의 신부들에게 하나님의 선물들 즉 은사들을 주시면서 예수님의 신부로서의 삶의 영화가 무엇인지를 우리에게 계속적으로 보여 주십니다. 얼마나 아름다운 그림입니까?

성도로서의 우리의 인생 길은 결코 쉽지 않을 것입니다.

예수님은 분명히 천국에 들어가는 길은 좁고 그 길을 찾는 자가 많지 않다고 하셨습니다. 그리고 대다수의 사람들이 넓은 길을 찾는다고도 하셨습니다. 이 말씀은 분명 천국에 들어가는 자들보다 지옥에 들어가는 자들이 훨씬 많다는 것을 의미합니다.

그런데 왜 오늘날의 교회에서는 천국에 들어가는 것이 그렇게 쉽다고 가르치는지 모르겠습니다. 왜 대다수의 사람들이 무조건 교회에 다닌다는 사실만으로 그렇게 쉽게 천국에 들어갈 수 있다고 주장하는지 모르겠습니다. 우리는 정신을 차려야 합니다.

우리가 진짜 그리스도의 신부들인지 우리는 자신을 살펴야 합니다. 물론 우리 자신의 결단과 능력으로는 할 수 없습니다. 그래서 우리들에게 주신 선물이 바로 성령님의 도우심입니다.

구하십시다. 성령님의 능력과 도우심이 아니면 우리는 성도로서의 삶을 살 수 없으니까요. 회개도, 영접도, 각양 은사의 나타나심을 통한 섬김도 모두 성령님의 도우심으로만 가능합니다.

우리는 창세기 32장에서 야곱이 얍복강 나루터에서 씨름했던 천사에게서도 예수님을 봅니다. 우리는 구약의 여러 곳에서, 천사라고 소개되었지만 분명 사람의 형상이고 뒤에 가서 보면 그분이 하나님이셨다고 설명되고 있는 존재들을 봅니다.

예컨대, 아브라함을 방문했던 세 천사들 중 한 분을 생각해 보십시오. 처음엔 그들이 나그네들이었다고 했습니다. 분명 사람의 형상입니다. 심지어 아브라함은 그들을 위하여 음식을 대접하기까지 했습니다. 그러다가 갑자기 그들이 천사들이었다고 나옵니다. 그래서 두 천사는 소돔과 고모라를 향하여 갔고, 한 분만 아브라함 앞에 남았습니다. 그런데 그분은 알고 보니 하나님이십니다. 그래서 아브라함은 그분에게 롯을 위하여 소돔을 중재하기 시작했습니다. 사실 구약에서 종종 하나님을 뵈었다는 사람들의 이야기를 만납니다. 하지만 하나님은 영이시므로 우리 육안으로는 절대 뵐 수가 없습니다. 그렇다면 그들이 본 하나님은 과연 누구십니까?

이 숙제를 요한이 풀어 줍니다.

요한복음을 쓴 사도 요한 말씀입니다.

"본래 하나님을 본 사람이 없으되 아버지 품 속에 있는 독생하신 하나님이 나타내셨느니라."(요한복음 1:18)

그러니까 그분들은 바로 독생자 예수님께서 화육하여 이 땅에 오시기 이전에 종종 천사의 형상, 혹은 사람의 형상으로 사람들에게 나타나셔서 하나님의 모습을 보여 주신 장면들입니다. 야곱과 씨름한 천사도 같은 경우입니다.

처음엔 분명 '어떤 사람이' 라고 했습니다. 그러다가 나중에 그가 천사였다고 말했습니다. 그러나 훗날 호세아 선지자는 이 장면을 다시 언급하면서 "야곱이 하나님과 겨루어 이길 때에 눈물로 그에게 호소했다."고 우리에게 들려 줍니다.

그분은 바로 그리스도이셨습니다.

우리는 이런 경우를 '화육하기 이전의 그리스도(the Pre-incarnated Christ)' 라고 부릅니다. 우리는 앞으로 구약 성경에 나타나신 예수님에 관하여 공부하면서 바로 이 '화육하기 이전의 그리스도' 에 대한 많은 공부를 하게 될 것입니다.

마지막으로 49장에서 야곱이 죽음의 침상에서 열두 아들들의 미래에 대한 예언을 할 때 유다에 대하여 이렇게 말했습니다.

> "유다야 너는 네 형제의 찬송이 될지라 네 손이 네 원수의 목을 잡을 것이요 네 아버지의 아들들이 네 앞에 절하리로다 유다는 사자 새끼로다 내 아들아 너는 움킨 것을 찢고 올라갔도다 그가 엎드리고 웅크림이 수사자 같고 암사자 같으니 누가 그를 범할 수 있으랴."(창세기 49:8-9)

예수님은 바로 이 유다 지파에서 오셨습니다. 그래서 유다는 모든 형제의 찬송이 되고 또한 원수의 목을 잡을 것이라고 예언된 것입니다.

요한계시록에서 우리 예수님은 '유다 지파의 사자'로 소개됩니다. 죽음의 침상에서 야곱의 영적 안목이 이렇게 정확히 열렸다는 것이 매우 흥미로운 일입니다.

생각해 봅시다!

1. 이 장에서 발견한 예수님에 대하여 느낀 점은 무엇입니까?

2. '여호와 이레'의 진정한 의미는 무엇입니까?

3. 창세기 49장에 있는 야곱의 예언대로 예수님은 (　　　　　)지파에서 오셨습니다.

2

출애굽기

출애굽기 분석 (1)

애굽기는 크게 두 단원으로 나눌 수 있습니다.
1-24장까지의 전반부(애굽으로부터의 구속과 십계명)와 25~40장까지의 후반부(성막과 제사장)입니다.

출애굽기의 주된 내용은 **이스라엘의 구속**입니다.

창세기는 '모든 시작들' 특별히 인류에게 있어서의 죄의 시작을 보여 주는 책이었습니다. 그 다음에 이어지는 출애굽기는 바로 '구속의 책(the Book of Redemption)' 입니다. 이스라엘의 애굽으로부터의 탈출은 바로 우리 인류의 죄로부터의 구속을 보여 주는 일종의 모형적 의미가 있는 것입니다.

출애굽기의 히브리어 성경에서의 제목은 본래 '이름들' (Names) 이었습니다.

히브리 문학의 특징은 책의 첫 단어가 바로 그 책의 제목이 되는 것이었습니다. 그래서 이 책의 첫 절에서의 '이름들' 이라는 단어가 바로 이 책의 제목이 된 것입니다. 하지만 이 책이 70인 역 헬라어 성경에서 '엑소도스(Exodos)'라는 제목을 사용하게 됨으로써 오늘날의 성경에서 'Exodus' 즉 '출애굽기'라는 제목을 붙이게 된 것입니다.

이스라엘의 출애굽은 세 가지 의미를 지니고 있습니다.

첫째는 애굽으로부터의 이스라엘의 구원이고, **둘째는** 예수 그리스도의 십자가를 통한 우리 인류의 죄로부터의 구원, 그리고 **셋째는** 이 땅의 무거운 짐에 눌린 삶으로부터 죽음을 통한 인생의 구속의 의미를 내포하고 있는 것입니다.

당연히 이 책의 저자는 모세입니다. 신학자들 가운데는 분분한 의견들이 있지만 예수님께서 이 책의 저자가 모세였다고 하신 이상 저는 이 책의 저자가 모세라는 데에 의심의 여지가 없습니다. 어떤 신학자도 예수님보다 더 훌륭한 학자일 수는 없기 때문입니다.

예수님께서 이렇게 말씀하셨습니다.

"모세를 믿었더라면 또 나를 믿었으리니 이는 그가 내게 대하여 기록하였음이라 그러나 그의 글도 믿지 아니하거든 어찌 내 말을 믿겠느냐 하시니라."(요한복음 5:46-47)

"모세가 너희에게 율법을 주지 아니하였느냐 너희 중에 율법을 지키는 자가 없도다 너희가 어찌하여 나를 죽이려 하느냐." (요한복음 7:19)

출애굽기의 역사적 위치와 이스라엘의 형편

출애굽기는 'Now'라는 접속사로 시작이 됩니다.

본래 모세오경, 즉 창세기로부터 신명기까지의 다섯 권의 책들은 한 권으로 되어 있었습니다. 성경에서 장과 절이 분리된 것은 15세기가 되어서야 생긴 일입니다. 성경의 인용을 편리하게 하고 성도들의 이해를 돕기 위한 신학자들의 노력에 의한 것이죠.

모세는 자기 시대까지의 여러 자료들을 모아서 창세기를 기록했고, 이제 자신의 경험들을 토대로 한 출애굽기를 기록하고 있는 것입니다.

창세기는 요셉이 애굽으로 내려가는 장면으로 끝났습니다. 출애굽기는 요셉이 죽은 후로부터 300년이 지난 후의 이야기로 시작이 됩니다. 사실 하나님께서는 창세기에서 아브라함에게 이미 이 출애굽의 역사에 대하여 말씀하신 바 있습니다.

"여호와께서 아브람에게 이르시되 너는 반드시 알라 네 자손이 이방에서 객이 되어 그들을 섬기겠고 그들은 사백 년 동안 네 자손을 괴롭히리니 그들이 섬기는 나라를 내가 징벌할지며 그 후에 네 자손이 큰 재물을 이끌고 나오리라 너는 장수하다가 평안히 조상에게로 돌아가 장사될 것이요 네 자손은 사대 만에 이 땅으로 돌아오리니 이는 아모리 족속의 죄악이 아직 가득 차지 아니함이니라 하시더니."(창세기 15:13-16)

또한 하나님께서는 야곱이 요셉을 따라 애굽으로 내려가는 일에 대하여 고민할 때에 "애굽에 내려갔다가 돌아올 때 큰 민족을 이루어 돌아오게 되리라."고 하셨습니다.

"하나님이 이르시되 나는 하나님이라 네 아버지의 하나님이니 애굽으로 내려가기를 두려워하지 말라 내가 거기서 너로 큰 민족을 이루게 하리라."(창세기 46:3)

야곱과 함께 애굽에 내려간 사람들이 모두 70명이었는데 300년이 지난 후 성인 남자만 60만을 헤아리는, 그러니까 여자와 아이들 그리고 노인들을 합쳐서 줄잡아 300만 이상을 헤아리는 한 민족이 되어 나오게 됐습니다.

사도행전에서 스데반 집사의 설교를 통해 우리는 이 시대 상황에 대하여 중요한 단서를 찾게 됩니다.

"요셉을 알지 못하는 새 임금이 애굽 왕위에 오르매."(사도행 7:18)

이 구절의 헬라어의 문자적인 해석은 '다른 종류의 또 다른 왕이 왕위에 올랐다.'는 의미입니다. 그것은 쉽게 말해서 조정이 바뀌었다는 것입니다. 완전히 새로운 왕조가 탄생했다는 것이죠.

역사적으로 볼 때, 요셉이 애굽에 내려갔을 때의 애굽 왕조는 힉소스 왕조였거나 아니면 그 전후의 목자 왕조 시대였을 것입니다. 이 왕조는 외국인에 의하여 세워졌으며 이때 애굽은 남북 왕국으로 나뉘어 있었습니다. 당연히 외국인으로서 왕위에 오른 당시의 바로는 백성들에게 그다지 존경을 받을 수 없었을 것입니다.

만약 어떤 외국 사람이 우리나라에 와서 자신들의 왕조를 세웠다면 그것은 우리 국민들이 받아들이기 아주 어려운 일이 아니겠습니까?

그러던 차에 당시 왕조와 같은 셈족 계통의 히브리 청년 요셉의 도움으로 애굽이 대기근에서 생존할 수 있었을 뿐 아니라, 요셉의 도움으로 애굽 전체의 전토와 물질 그리고 애굽인들의 몸까지도 바로의 재산이 되었으니, 아마도 요셉은 당시 바로 왕에게 있어서 눈에 넣어도 아프지 않을 사랑스런 존재였을 것입니다.

그러나 400년이란 시간이 지나면서 요셉도 죽었고 목자 왕조 혹은 힉소스 왕조의 왕들도 죽었고, 남북 애굽은 통일이 되었으며 다시 애굽인에 의해서 왕조가 세워졌습니다. 그러므로 갑작스런 애국주의가 애굽 전체를 휩싸게 되었고 급작스런 소위 반(反)이민주의가 조성이 되었습니다. 게다가 예전 왕조의 보호 아래에서 무서운 속도로 번창해 가던 히브리인들은 애굽인들에게 있어서 눈엣가시처럼 보였을 것입니다. 그래서 애굽의 왕은 히브리 민족들을 말살하기 위한 정책을 내세우고 있었던 것이 바로 모세 시대의 상황이었습니다. 하지만 히브리 사람들은 애굽 국가에 있어서 대단한 노동력을 제공했던 사람들이었으므로 한꺼번에 갑자기 그들이 다 사라지는 것도 애굽으로서는 문제였습니다. 그러니 히브리인들은 당시 애굽인들에게 일종의 뜨거운 감자였습니다. 그래서 바로는 히브리인들의 새로 태어나는 자녀들을 죽이려는 정책을 썼습니다.

우리는 여기에서 한 가지 중요한 영적 교훈을 얻습니다.

애굽은 세상을 의미합니다. 히브리 사람들이 애굽에 처음 내려갔을 때에는 그곳에서 초호화 생활의 대접을 받았습니다. 그러나 그들은 결국 종으로 전락해 버렸습니다. 물론 이것은 하나님께서 이스라엘 백성들을 다시 애굽에서 내보내시려는 계획으로 주신 것이라고 봅니다. 하지만 이것은 우리에게 중요한 교훈이 됩니다.

하나님의 백성들이 세상으로 내려갈 때 처음엔 호화로운 생활이 올 것입니다.

그러나 결국 우리 속에 있는 죄성은 세상의 안일에 길들여지게 되고 "주여, 여기가 좋사오니."라고 했던 베드로처럼 결국은 세상에 자꾸 머물고 싶어 하게 되고 마침내 세상의 종이 됩니다. 그렇게 될 때 하나님께서는 여러 가지 시련들을 주셔서 하나님의 백성들을 세상에서 몰아내서 주님께로 오게 하시는 것입니다.

아마도 이 기간 동안 히브리인들은 "도대체 하나님은 어디 계시는가?" "도대체 하나님은 무엇을 하시는가?" "우리가 이렇게 시련을 받는데 하나님은 왜 우리의 기도를 듣지 아니하시는가?"라는 의혹 가운데서 불평과 원망을 하고 있었을지도 모릅니다.

하지만 하나님은 한 번도 이스라엘 백성들을 잊으신 적이 없으시고, 또한 그들의 부르짖음을 듣지 않으신 적이 없으십니다. 역사 가운데서 늘 문제를 만든 것은 이스라엘 백성들이지 하나님이 아니십니다. 여기서도 하나님께서는 이스라엘의 부르짖음을 들으시고 모세를 세우셔서 이스라엘을 구원해 주셨습니다.

우리들도 삶에서 의혹이 몰려올 때가 많이 있습니다.

"하나님은 지금 어디에 계시는가?"

"지금 도대체 무엇을 하시는가?"

하지만 우리는 기억해야 합니다. 하나님께서는 항상 우리를 살피시고 우리에게 귀를 기울이고 계시다는 것을…….

생각해 봅시다!

1. 이 장에서 새롭게 깨달은 것은 무엇입니까?

2. 출애굽기의 주된 내용은 이스라엘의 (　　　)입니다.

3. 애굽에서 결국 종으로 전락한 이스라엘 백성들에게서 얻는 영적 교훈은 무엇입니까?

출애굽기의 모형들

애굽기의 여러 상황들은 우리 크리스천들의 구원과 삶에 연관된 다양한 상징들을 내포하고 있습니다.

우리가 그것을 기억하는 것은 매우 중요한 일입니다.

1. 애굽: 세상 체계(The world system)의 모형

애굽은 하나님의 백성들을 시험하고 그들을 자기 결박 아래 두려 했던 점에서 이 세상의 체계를 상징적으로 보여 주고 있습니다.

2. 바로: 사탄의 모형(이 세상의 신)

세상을 상징하는 애굽의 왕으로서 바로는 이 세상의 임금 된 사탄을 상징하는 인물이었습니다. 그는 하나님의 백성들에게 자기를 경배하도록 요구하며, 하나님의 백성들을 자기의 노예로 삼으려 했습니다. 지금도 사탄은 하나님의 백성들을 자기의 결박 아래 두려고 합니다. 흥미로운 사실은 예수님도 사도들도 사탄이 이 세상의 임금이라는 사실을 인정했다는 것입니다. 하지만 그는 결국 마지막에 결박되어 영원한 유황 불못에 던져지게 됩니다. 바로도 그를 따르던 군사들과 함께 홍해에 수장되지 않았습니까?

3. 이스라엘: 교회의 모형

출애굽기에서의 이스라엘은 세상의 결박으로부터 해방되어 순례자의 길을 가며, 하나님의 보호하심을 받는 하나님의 백성들 즉 오늘날의 교회를 상징적으로 보여 주고 있습니다.

4. 모세: 그리스도의 모형(하나님의 선지자)

애굽(세상)에서 가나안(거듭난 삶)까지 이르도록 인도하는 하나님 백성의 구원자로서 모세는 예수 그리스도를 보여 주는 상징입니다. 특별히 모세와 예수님 사이에는 유사점이 매우 많습니다.

첫째로, 선지자, 제사장, 목자, 중보자, 구속자, 종 등 그의 직무는 모두 예수님의 직무를 우리에게 보여 줍니다. 신명기 18장 18절에서 하나님은 이 땅에 오실 예수님에 대한 예언에서 "너(모세)

와 같은 선지자 하나를 세우겠다."고 하셨습니다. 예수님도 선지자이셨고, 제사장이셨고, 목자이셨으며, 중보자, 구속자 또한 종으로 오셨습니다.

둘째로, 온유함과 겸손함이 지면에서 가장 승했다는 모세의 성품 역시 예수님의 성품을 우리에게 보여 줍니다.

셋째로, 그가 애굽에서 태어나서 살상의 위협에 놓여 있었다는 것도 예수님의 출생과 유사합니다. 그가 처음 이스라엘 백성들에게 나타났을 때에는 배척당했다가 두 번째 왔을 때에 영접되었다는 것도 우리 예수님께서 첫 번째 이 땅에 탄생하셨을 때에는 백성들에게 버림받으시고 십자가에 죽으셨지만, 그가 다시 재림하실 때에 모든 이스라엘 백성들이 그를 왕으로 받아들이게 될 것과 똑같습니다.

또한 모세는 이스라엘 백성들을 인도했고, 먹였으며, 그들의 짐을 대신 졌습니다. 예수님도 그렇게 하셨습니다. 우리는 나중에 '출애굽기에 나타난 예수 그리스도'에 대하여 공부할 때에 이 부분에 대하여 좀 더 자세히 다룰 것입니다.

5. 유월절

유월절은 어린 양의 피로 이스라엘이 구원을 얻은 것을 통해서 그리스도의 죽으심과 그 피로 인하여 우리가 구속함을 받았다는 것을 보여 주고 있습니다.

6. 홍해: 그리스도인들의 세례(그리스도와 함께 죽고 함께 부활함을 상징)

홍해는 세상으로부터 벗어나서 순례자의 삶을 시작하는 의미로서 우리 성도들의 세례를 의미합니다.

7. 만나: 그리스도, 생명의 떡(요한복음 6장)의 상징

매를 맞아 생수를 솟아나게 한 반석은 매를 맞으신 그리스도의 모형(고린도전서 10장)이 됩니다.

8. 아말렉: 육체의 모형

아말렉은 순례의 길에서 성도의 삶을 방해하는 요소 즉 성도 자신의 육체를 모형으로 보여 주고 있습니다. 바울은 로마서에서 육체와 영은 항상 원수가 된다고 했습니다. 우리가 싸워야 할 가장 무서운 적은 바로 우리의 육체, 혹은 육적 속성입니다.

9. 요단강: 성령세례의 모형

요단강은 죽음을 의미하는 것이 아니고 성령세례를 의미합니다.

10. 가나안: 거듭난 성도의 삶의 모형(천국의 모형이 아님)

가나안 역시 천국을 의미하지 않습니다. 만약 가나안이 천국의 모형이라면 가나안에서는 더 이상 전쟁도 없어야 하고, 실패도 없어야 합니다. 그러나 이스라엘 백성들은 가나안에서도 많은 전쟁을 치러야 했고, 또한 실패도 했습니다. 다만 광야생활과는 달리 싸워서 이기는 것마다 하나님의 상급으로 차지할 수 있었습니다.

그것은 우리 성도들이 이 땅을 살아가는 동안 성령으로 거듭나고 정복하는 것마다 하나님께서 주신 기업으로 누리게 되는 영적인 축복들을 보여 줍니다.

생각해 봅시다!

1. 이 장에서 나오는 모형들이 당신에게 주는 의미는 무엇입니까?

2. 모세와 예수님 사이에는 어떤 유사점들이 있습니까?

3. (   )은 천국의 모형이 아니라 거듭난 성도의 삶의 모형입니다.

출애굽기 분석 (2)

출애굽기의 내용적 구조와 흐름

출애굽기 1장은 애굽에 형성되고 있던 반(反)셈족 주의를 보여 줍니다. 참고로 우리는 역사 가운데서 유대인들이 수없이 생존의 위협을 받았던 사건들을 알고 있습니다. 우리는 그 속에서 하나님의 인류 구속의 계획에 대한 사탄의 끊임없는 도전을 발견하게 됩니다.

사실 이 땅에서 벌어지는 모든 일들은 그 배후에 영적인 전쟁의 의미가 담겨 있다는 것을 알아야 합니다.

예컨대 다니엘의 세 이레, 즉 3주간의 금식기도와 하나님의 응답에 대해서 생각해 봅시다. 다니엘은 10대의 소년으로서 바벨론에 잡혀왔습니다. 하나님께서는 예레미야를 통해서 바벨론의 포로생활이 70년으로 정해져 있다고 선포하셨습니다.

그 70년이 이미 다 차고 그러니까 다니엘은 이미 90세에 가까운 노인이 되어 있었습니다. 우리가 성경공부를 하는 것처럼 다니엘도 당시 예레미야의 책을 공부했습니다. 그도 성경공부를 통해서 하나님의 뜻을 깨달았습니다. 그래서 그는 하나님께 금식하며 기도를 시작한 것입니다.

사실 하나님께서는 다니엘의 기도가 시작된 첫날에 벌써 응답을 보내셨습니다. 그러나 응답을 가지고 오던 가브리엘 천사(주로 하나님의 메시지를 전하는 천사)는 바사 국군에게 잡혀서 3주간 동안 억류되어 있었습니다. 물론 이것은 페르시아 국군을 말하는 것이 아니라 페르시아 국군의 배후에 있는 사탄을 의미합니다.

한 천사가 앗수르의 18만 5,000명의 군대를 하루 아침에 멸절시켰던 것을 기억하십니까?

인간의 군대는 천사의 상대가 되지 못합니다. 여하튼 가브리엘은 3주간이나 사탄의 군대에 억류되어 있었고 하나님께서 군장 미가엘(주로 싸우는 천사)을 보내셔서 가브리엘을 풀어 주심으로서 다니엘의 금식기도는 3주 만에 응답이 된 것입니다.

우리가 살고 있는 이 세상에서 벌어지는 모든 일들은 그 배후에 영적인 전쟁이 존재하고 있습니다. 그러므로 우리는 항상 깨어 있어야 합니다.

역사 가운데서 사탄은 많은 독재자들 혹은 사탄의 종 노릇을 하던 사람들을 조종해서 유대인들을 괴롭혀 왔습니다. 역사 속에서 얼마나 여러 차례 유대인들이 이 땅에서 완전히 사라질 뻔한 위기를 만났습니까? 그것은 모두 예수님의 탄생을 저지하려는 사탄의 음모에서 비롯된 것입니다.

창세기에서 이미 아브라함과 사라의 불임증에도 사탄은 개입했습니다. 100세가 되어 이미 죽은 자와 같은 몸에서 이삭을 탄생하게 하시는 하나님의 기적이 아니었다면 하나님께서 메시야를 이 땅에 보내시기 위해서 한 가문을 시작하시려고 특별히 불러내신 그 첫 사람 아브라함에서부터 이미 계보는 끊어지고 말았을 것입니다.

야곱의 때에 온 땅에 기근이 와서 수많은 사람들이 죽어 갈 때도 가나안에 살고 있던 야곱의 가문을 없애 버리려는 사탄의 음모가 있었습니다. 그러나 하나님께서는 이 일이 있기 전에 벌써 요셉을 애굽으로 먼저 내려보내심으로써 야곱의 가족들을 보호해 주셨습니다.

지금 여기 출애굽기에 나타난 바로 왕에 의한 반셈족주의(Anti-semitism) 역시 사탄이 그 배후에 있었습니다. 그러나 하나님께서는 모세를 예비하셨습니다. 그래서 유대인들의 몰살의 위기에서 다시 한 번 메시야의 조상이 될 그들을 살려 내신 것입니다.

훗날 에스더서에서 페르시아 수산궁의 제 2인자인 하만에 의하여 다시 한 번 유대인들은 멸절의 위기에 놓이게 됩니다.

페르시아 127개 도(province)에 있던 모든 유대인들을 한날 한시에 목매어 죽이려는 것이 그의 계획이었습니다. 하지만 이때도 하나님께서 에스더라는 유대인들의 중보자를 수산 궁에 먼저 들여보내심으로써 유대인들을 다시 한 번 구원하셨습니다.

역사 속에서 이런 식으로 수없이 사탄은 메시야의 탄생을 저지하려 했습니다.

예수님께서 탄생하시던 때에 헤롯 왕을 자극해서 예수님의 탄생을 기점으로 2세 미만의 남자 아이를 모두 학살한 것도 예수님을 없애려는 사탄의 계획 때문이었습니다.

저는 이 시점에서 한 가지 흥미로운 질문을 하고 싶습니다.

예수님께서 십자가에 달리시던 날 빌라도의 아내가 꾼 꿈이 하나님께서 주신 꿈이라고 생각하십니까? 아니면 사탄이 준 꿈이었다고 생각하십니까?

많은 사람들이 '저 의로운 사람에게 아무 짓도 하지 말라.'는 메시지가 담긴 그 꿈이 하나님께로부터 온 꿈일 것이라고 생각합니다. 하지만 그 꿈은 사탄에게로부터 온 것일 확률이 더 높습니다. 왜냐하면 예수님의 십자가를 취소하려는 것은 하나님의 뜻이 아니었기 때문입니다. 예수님께서 그날 십자가에 죽으심으로써 온 인류의 구원을 이루시려는 것은 우리가 계속 이야기해 온 대로 이미 창세기 3장에서부터 계획된 일이었습니다.

이제 이 세상에서 벌어지는 모든 일들의 배후에 이런 영적 전쟁이 자리잡고 있다는 것을 아시겠지요?

자, 다시 출애굽기의 이야기로 돌아갑시다.

●1장은 이런 반셈족주의의 형성에 대한 배경입니다.

●2장에서 우리는 모세의 출현을 봅니다.

●3장에서 하나님께서는 모세를 부르셨습니다.

●4장에서 모세는 하나님께 순종하기로 결심하고 애굽으로 다시 돌아갑니다.

●5장으로부터 11장까지에서 우리는 모세와 바로의 대면과 애굽에 하나님께서 내리신 열 가지 재앙을 봅니다.

●12장은 유월절 규례의 선포입니다.

●13장은 유월절 규례에 대한 설명입니다.

●14장은 출애굽의 광경입니다. 우리는 여기서 저 유명한 홍해를 건너는 기적과 바로의 군대에 대한 하나님의 심판의 광경을 볼 수 있습니다.

●15장 2절은 모세의 노래입니다. 아름다운 노래죠?

미리암도 모세와 백성들의 노래에 화답하여 노래했습니다. 하지만 이 대승리의 감격에 이어서 바로 이스라엘 백성들이 마라에 당도하여 그곳 물이 모두 너무 쓰기 때문에 마실 물이 없어서 시련을 받게 됩니다.

우리는 항상 무슨 일이 잘 될 때 조심해야 합니다. 우리가 승리감에 도취될 때 넘어지기 쉬우니까요.

●여기서부터 19장까지는 이스라엘이 시내 광야에 당도할 때까지 벌어진 일들에 대한 설명입니다.

바로 이 시내 광야에서 하나님께서 이스라엘 백성들 앞에 당신의 모습을 보이신 것입니다. 밝은 대낮에 갑자기 해가 어두워지더니 빽빽한 구름이 온 하늘을 덮고 천둥과 번개를 동반하고 나팔소리 같은 하나님의 음성이 그들에게 들려오기 시작합니다.

"내가 애굽 사람에게 어떻게 행하였음과 내가 어떻게 독수리 날개로 너희를 업어 내게로 인도하였음을 너희가 보았느니라."
(출애굽기 19:4)

이스라엘 백성들이 느꼈을 그 두려움을 아시겠습니까?

이스라엘 백성들은 모세에게 와서 "우리는 무서워서 도저히 하나님께서 우리에게 직접 말씀하시는 것을 감당할 수가 없습니다. 그러니 당신이 우리를 대표해서 하나님께로 가서 하나님의 말씀을 듣고, 하나님을 대신해서 우리에게 와서 말씀을 전해 주십시오. 그러면 우리가 무조건 순종하겠습니다."라고 말했습니다. 결국 모세는 이스라엘 백성들과 하나님 사이의 중보자가 되었습니다.

나중에 신명기 18장 18절에서 하나님께서는 모세에게 "내가 너의 백성 가운데서 너와 같은 선지자 하나를 일으키겠다." 하시는데, 그것이 바로 예수님을 보내실 것에 대한 예언이었습니다. 그러니까 여기 하나님과 이스라엘 사이의 중보자로서의 모세의 역할은 예수님의 그림자였습니다. 예수님은 우리 인류를 대표해서 하나님께로 가시고, 또한 하나님을 대신해서 그 말씀을 우리에게 선포하시는 분이십니다.

●20장으로부터 24장까지에서 하나님은 십계명을 비롯한 하나님의 백성으로서의 여러 가지 규례들을 주십니다.

여기까지가 바로 출애굽기의 전반부입니다.

주제는 '출애굽과 율법'입니다.

바울은 로마서에서 율법이 우리에게 선포된 것은 우리의 죄를 드러내기 위함이라고 했습니다. 하나님께서는 이스라엘 백성들이 애굽 백성들보다 더 의롭거나 혹은 탁월해서 그들을 구원하신 것이 아님을 분명히 하신 것입니다. 그것은 하나님께서 아브라함과 맺으신 언약과 하나님의 무조건적인 사랑 때문이었습니다. 그래서 애굽에서 나온 이스라엘 백성들에게 제일 먼저 필요했던 것은 일종의 '주제 파악'이었습니다. 그래서 하나님께서는 그 백성들 앞에 먼저 율법을 선포하셨습니다.

바울이 말했듯이 율법의 행위로서는 의롭다 하심을 받을 육체가 아무도 없습니다. 그러므로 율법의 선언을 통해서 이스라엘 백성들은 자신들이 얼마나 가망이 없는 죄인들인지를 알게 되었을 것입니다. 그래서 출애굽기의 후반부에서 하나님께서는 그 죄를 씻김 받고 하나님과의 사귐과 교제를 지속할 수 있는 방편을 제공해 주셨습니다.

●그래서 25장으로부터 마지막 장까지는 성막과 제사장에 관한 말씀들입니다.

율법으로 자신이 죄인이라는 것을 발견한 사람들이 그 죄를 가지고 하나님께 와서 자신의 의가 아닌 어린 양의 피로써 속죄함을 받는 것이 바로 제사입니다. 그 제사를 통해서 하나님께서 이스라엘 백성들과 만남을 가지시기 위하여 제공하신 것이 바로 성막인 것입니다.

흥미로운 사실은 400년 동안 애굽에서 종살이 한 대가로 이스라엘 백성들은 애굽에서 나올 때에 애굽 사람들로부터 많은 금품을 받아가지고 나왔다는 것입니다. 그것이 다 광야에서 성막을 짓기 위한 재료로써 하나님께서 미리 제공해 주신 것들이었습니다. 우리가 하나님을 위하여 뭔가를 하고자 한다면 이미 하나님께서 우리에게 제공해 주신 모든 것들이 다 그 일들을 위한 하나님의 선물이었다는 것을 발견하게 될 것입니다.

모세는 이스라엘 백성들 앞에 선포해야 했습니다.

"광고말씀 드리겠습니다. 성전을 짓기에 충분한 재료들이 이미 드려졌으므로 이제 더 이상 하나님 앞에 헌금을 가져오지 마시기 바랍니다."

오늘날 어떤 교회에서 목사님이 이렇게 광고하시는 모습을 볼 수 있을까요? 그것이 광야에 있었던 광야교회, 즉 이스라엘 백성들의 모습이었습니다.

다음 장에서 우리가 출애굽기에 나타난 예수님에 관하여 이야기할 때 말씀드리겠지만 이 성막의 모든 규례들은 하나같이 예수님을 보여 주는 아주 선명한 그림자들이었습니다.

이것이 출애굽기의 구조와 흐름입니다.

모세의 일생에 대하여

우리가 이미 지난 시간에 말했듯이 모세와 그의 일생 안에는 예수 그리스도의 그림자로서의 의미가 있는 많은 일들이 있었습니다. 어차피 다음 시간에는 출애굽기에 나타난 예수님에 관하여 이야기하겠지만, 여기서 모세의 생에 관하여 잠시 이야기를 나눠 보고 싶습니다.

모세는 모두 120년을 살았는데 그의 일생은 공교롭게도 40년씩 세 단원으로 나누어집니다. 처음 40년간 그는 바로의 공주의 아들로 살았습니다. 그 기간 중에 모세는 인간적으로 많은 준비를 했습니다. 그는 애굽의 모든 학술과 무예에 능통한 사람이 되었습니다.

여기서 보너스를 하나 드리겠습니다.

'십계'라는 영화를 보면 모세가 성년이 된 후에 비로소 자신이 히브리인이었다는 것을 발견한 후 그것 때문에 심하게 고민하는 장면이 나옵니다. 자신이 애굽인일 뿐만 아니라 바로의 공주의 아들인줄 알았는데 당시 종노릇을 하고 있던 히브리인이라는 것이 갑자기 받아들여지기 힘들었다는 것이죠. 머리를 감싸 쥐고 몸부림을 치던 찰톤 헤스톤의 연기는 감정이 풍부했었습니다. 하지만 성경은 성경에서 배워야지 크리스마스 카드나 혹은 영화를 통해서 배우면 안 됩니다. 정보가 정확하지 않은 것이 너무나 많으니까요.

신약 성경 사도행전 7장에서 스데반 집사가 설교할 때 그는 모세에 대한 아주 중요한 정보를 우리에게 제공해 줍니다. 그것은 모세가 자신이 히브리인이라는 사실을 알았을 뿐만 아니라, 하나님께서 자신을 통해서 히브리인들을 구원하실 것이라는 기대를 가지고 있었다는 것입니다.

드디어 자신의 나이가 40세가 되자 모세는 이제 자신이 뭔가를 해야 할 때라고 생각했습니다. 그러나 그것은 모세의 생각이었습니다. 애굽의 지식이나 무예로 하나님의 일을 할 수는 없었습니다.

결국 모세 자신이 뭔가를 하겠다고 나섰을 때에는 겨우 애굽 군인 졸병 하나 죽이고 그것조차 발각이 되어서 결국 두려움 가운데 광야로 도망을 쳐야 했던 것입니다. 하지만 그가 다시 40년간을 광야에서 보내면서 하나님의 방법으로 훈련되고 하나님과의 직접적인 만남과 소명의 확신을 가지고 새롭게 나섰을 때 애굽인 하나가 아니고 바로 왕의 모든 군대를 홍해 속에 수장시키고 넉넉한 승리를 할 수 있었습니다.

이것이 모세의 생이 우리에게 주는 아주 귀한 가르침입니다. 그렇게 모세는 그의 일생의 두 번째 40년을 보냈습니다. 그 기간은 하나님에 의하여 훈련되는 기간이었습니다. 자신이 애굽에서 배웠던 모든 세상의 학술과 무예 같은 것이 하나님의 일을 이루는 데 아무 효과도 없다는 사실을 발견한 모세는 그 모든 것들을 다 내려놓고 다시 하나님의 것으로 채우는 시간이 필요했습니다. 그리고 마지막 40년은 하나님께 쓰임 받는 기간이었습니다.

어쩌면 우리 중에 많은 분들이 지금 모세의 두 번째 40년과 같은 시간을 보내고 있을지 모르겠습니다. 자신의 모든 인간적인 기대가 무너지고 이렇게 내 삶이 아무 의미도 없는 광야에서 끝나는 것은 아닌가 하는 그런 두려움과 긴장이 순간순간 우리의 마음을 스치고 지나갈 때, 주님을 바라보십시오. 그분과의 만남을 가지십시오. 가시덤불에 타오르던 불꽃 속에서 하나님을 만났던 모세처럼…….

"내가 너를 보낸다."

우리는 하나님의 이 음성이 필요합니다.

하나님께서 우리를 어디로 보내셨습니까?

무엇을 하도록 보내셨습니까?

그것을 발견해야 하고, 거기에 모든 것을 걸어야 합니다. 그것이 모세의 마지막 40년처럼 우리의 생에서 하나님의 크신 뜻이 이루어지는 아름다운 시간을 가질 수 있는 길이니까요.

하지만 우리가 한 가지 더 기억할 것은 모세가 이 땅에 살아 있는 동안에 과연 자신의 생을 어떻게 평가했겠느냐 하는 것입니다.

생각해 봅시다!

1. 출애굽기 1장에 나타난 반셈족주의는 사탄의 어떤 음모에서 비롯되었습니까?

2. 하나님께서 이스라엘 백성들에게 율법을 주신 이유는 무엇입니까?

3. 모세처럼 쓰임받기 위해서 먼저 필요한 것은 무엇입니까?

출애굽기 속의 예수님(1)

이스라엘의 3대 절기

하나님께서는 이스라엘 백성들에게 3대 절기를 지킬 것을 명령하셨습니다.

곧 이스라엘의 모든 성인 남자들은 매년 세 차례 하나님께서 주실 예배 처소로 나아가 하나님 앞에 그 얼굴을 보이라고 명령하신 것입니다.

이때는 아직 광야를 여행하는 중이었기 때문에 이스라엘 백성들은 아직 하나님께서 그들에게 주실 예루살렘 성전에 대해서는 알지 못하는 상태였습니다.

어떻든 하나님께서 이스라엘 백성들에게 명령하셨던 이 3대 절기는 모두가 예수 그리스도에 대한 상징들을 담고 있습니다.

사실 우리 예수님과 관련된 모든 주요 사건들이 바로 이 명절에 일어났습니다.

1. 유월절: 어린 양 예수님

첫 번째 절기가 바로 유월절이었습니다.

이스라엘의 종교력은 하나님께서 모세에게 출애굽에 대한 구체적인 명령을 주셨던 그날을 기점으로 시작이 됩니다.

그들의 종교력의 첫 달은 히브리어로는 '아빕월' 이라고 불렸고, 나중에 바벨론 포로 생활이 끝난 후에는 바벨론식 언어로 '니산월' 이라고 불렸습니다.

하나님께서 모세에게 출애굽에 대한 구체적인 명령을 주셨던 그 밤이 바로 아빕월, 즉 그들의 종교력으로 정월 1일이 된 것입니다. 그리고 그날로부터 10일째 되는 날 어린 양을 취하였다가 4일 동안 간직한 후 14일째 되는 날 저녁에 그 어린 양을 잡아서 밤새 먹고 다음 날 즉 15일 새벽에 출애굽을 했습니다. 그러므로 유월절은 아빕월 15일입니다.

흥미로운 것은 이스라엘의 종교력도 우리나라가 사용하는 음력과 같이 달의 차고 기우는 것을 기점으로 만들어져 있었기 때문에 아빕월 15일은 대보름달이 뜨는 밤이었고, 그날은 밤에 행군을 떠나기에 아주 좋은 조건이었습니다.

예수님께서 벳새다 들녘에서 물고기 두 마리와 보리 떡 다섯 개로 5,000명을 먹이신 후 제자들에게 그들을 즉시 돌려보내라고 하시고는 배를 타고 바다를 건너가라고 명령하셨던 것을 기억하십니까? 그리고 예수님은 산으로 올라가셔서 홀로 기도하셨는데, 그날도 역시 유월절이었습니다.

그러니까 산 위에서 기도하시던 예수님은 밤중에 갈릴리 바다에서 풍랑을 만나 괴로움을 당하던 제자들의 모습을 밝은 유월절 달빛 아래에서 보실 수 있었습니다. 물론 육안으로 볼 수 없는 상황이더라도 예수님은 보실 수 있으셨을 것이라고 믿지만 그 밤은 유월절 밤이었기 때문에 그만큼 보름달이 몹시 밝았을 것이라는 말씀입니다.

혹시 폭풍이 이는 밤에 어떻게 달이 보였겠느냐고 생각할지 모르겠습니다만 갈릴리 바다는 지형의 특성상 비구름과 상관 없는 폭풍이 종종 일어납니다. 갈릴리 바다는 해수면보다 낮고, 일종의 큰 호수로서 그 주변을 작은 산들이 병풍처럼 두르고 있습니다. 그런데 위에서 내려다보면 그 골짜기들이 마치 나사모양으로 골을 이루고 있었습니다. 그래서 지중해로부터 때로 갑자기 돌풍이 불어오면 그 바람들이 나선형으로 된 갈릴리 주변의 골짜기들을 타고 들어오면서 갑자기 갈릴리 바다 위에 커다란 회오리 바람이 형성되게 되고, 그것이 예측 불허의 폭풍이 되는 경우가 종종 있었습니다.

어떻든 하나님께서는 아빕월 10일에 어린 양을 취하였다가 14일까지 간직하고 14일 저녁에 잡으라고 하셨는데, 이는 예수님께서 아빕월 10일에 예루살렘 성에 입성하시고 4일 동안 예루살렘 성전을 드나드시면서 사역하신 후 14일 저녁에 제자들과 함께 최후의 만찬을 나누시고 15일 새벽에 체포되셔서 십자가에 죽으신 것을 암시하고 있습니다.

로버트 앤더슨(Robert Anderson)경은 'the Coming Prince' 라는 책에서 예수님께서 예루살렘에 입성하신 날과 유월절의 상관관계에 대해서 말했습니다.

다니엘이 세 이레의 금식기도 끝에 하나님께 받았던 예언에서 하나님께서는 "예루살렘을 중건하라는 명령이 난 때로부터 일곱 이레가 지나고 그 후에 다시 62이레가 지날 것이고 그때에 왕이 오시겠으나 그가 반드시 끊어져 없어질 것이요(죽임을 당하실 것이요) 그후에 얼마 동안의 시간이 지난 후 다시 마지막 한 이레가 있을 것이라(다니엘 9:25)."고 말씀하셨습니다.

다니엘의 예언에 의하면 그 마지막 이레가 바로 7년 대환난인 것입니다. 다니엘이 말했던 예루살렘을 중건하라는 명령은 바로 느헤미야서에 보면 아닥사스다 왕 통치 20년의 니산월에 반포되었습니다.

역사 가운데서 그날로부터 69이레, 즉 예언의 코드에서 한 이레는 7년이라는 것을 감안하면, 바로 그 명령이 난 때로부터 483년 만에 예수님께서 예루살렘에 들어오실 것이라는 것입니다.

다만 먼저 일곱 이레 즉 49년이 있고 그 후에 다시 62이레 즉 434년이 있을 것이라고 한 것은 바로 이 명령이 난 때로부터 49년

만에 말라기를 끝으로 구약이 끝나게 된 것 때문입니다.

여하튼 앤더슨 경은 아닥사스다 통치 20년 니산월 1일부터 예수님이 예루살렘 성에 입성하셨던 날까지를 계산하여 173,880일이라는 날짜를 얻었고, 그것을 히브리인의 종교력이 1년에 360일이므로 360일로 나누니까 정확히 483년이 되었다는 것입니다.

따라서 예수님은 아닥사스다 왕의 예루살렘 중건의 명령이 난 날로부터 정확히 히브리 종교력으로 483년 만에 예루살렘 성에 들어오심으로써 다니엘의 예언을 성취시키셨다는 것입니다.

흥미롭고 놀라운 계산입니다. 뿐만 아니라 다니엘의 예언대로 예수님은 곧 죽임을 당하셨고 다시 부활, 승천하셨습니다. 그리고 우리는 지금 그때로부터 이 땅에 마지막 7년, 즉 7년 대환난이 시작되기 전의, 그 기간을 알 수 없는 시간의 어느 시점에 살고 있습니다.

저는 예수님의 탄생과 생애, 죽으심과 부활, 승천에 관한 300여 가지의 모든 예언이 이미 정확히 예수님에게서 이루어진 것을 통하여 이 예수님의 재림과 마지막 때에 관한 예언들도 빠짐없이 이루어질 것을 확신하고 있습니다.

예수님께서 말씀하신 것처럼 예수님의 재림의 날짜는 아무도 알 수 없습니다. 하지만 분명한 것은 우리가 살고 있는 시대가 이미 예수님의 재림과 연관된 모든 사건들을 볼 수 있는 시대라는 것입니다. 따라서 우리는 예수님의 재림을 확신 가운데서 기다리며 주님을 만날 준비를 해야 합니다.

우리는 앤더슨 경의 계산에서 예수님께서 니산월 10일에 예루살렘에 입성하시고 4일 후에 제자들과 만찬을 드신 후 5일째 되는 날에 십자가에 달리심으로써 이 유월절의 규례들이 모두 예수님의 죽으심을 암시하고 있다는 사실을 배우게 됩니다.

아모스 선지자는 예수님의 죽으심이 바로 이 유월절 명절에 이루어질 것을 정확히 예언했습니다.

> "주 여호와의 말씀이니라 그 날에 내가 해를 대낮에 지게 하여 백주에 땅을 캄캄하게 하며 너희 절기를 애통으로, 너희 모든 노래를 애곡으로 변하게 하며 모든 사람에게 굵은 베로 허리를 동이게 하며 모든 머리를 대머리가 되게 하며 독자의 죽음으로 말미암아 애통하듯 하게 하며 결국은 곤고한 날과 같게 하리라."(아모스 8:9-10)

아모스의 예언대로 예수님이 십자가에 달리시던 유월절에는 백주의 대낮에 태양이 빛을 잃고 캄캄함이 온 땅을 뒤덮었습니다. 그날이 바로 하나님의 독생자의 죽으심을 인하여 애통함이 온 땅에 가득했던 날이었습니다.

2. 오순절: 예수님의 열매, 교회의 탄생

특별히 유월절은 보리를 추수하는 절기의 첫 열매를 하나님께 바치는 절기이기도 했고 동시에 밀을 뿌리는 절기이기도 합니다. 예수님은 죽으시기 전에 제자들에게 "한 알의 밀이 땅에 떨어져 죽지 않으면 한 알 그대로 있고 죽으면 많은 열매를 맺는다."고 하셨습니다. 이것은 바로 유월절에 죽으신 예수님께서 이 땅에 교회라는 많은 열매를 맺게 되실 것을 말씀하신 것입니다.

흥미로운 것은 유월절 안식일로부터 50일이 되는 때가 오순절인데 이때는 밀의 추수와 함께 밀의 처음 열매를 하나님께 바치는 초실절이었던 것입니다. 바로 이 오순절이 예수님께서 죽으신 후 예수님의 열매로써 이 땅에 맺어지게 된 교회의 탄생이 있었던 날이 됩니다. 더욱 흥미로운 것은 유대인들에게 주신 모든 율법의 절기들이 '안식일'을 기점으로 계상되도록 되어 있었지만 예수님에 대한 암시가 담겨 있는 절기들은 모두 '안식 후 첫 날'에 맞추어 지켜지도록 되어 있었습니다. 이것은 예수님의 부활을 기념하기 위하여 신약의 교회들이 주일을 지키게 될 것을 나타냅니다.

이렇게 유월절은 예수님의 죽으심을, 오순절은 예수님의 열매인 교회의 탄생을 나타내는 절기였습니다. 우리는 사도행전 2장에서 오순절에 어떻게 교회가 탄생했는지

를 배울 수 있습니다.

3. 장막절: 예수님의 재림의 소망

이스라엘의 3대 절기 중 이제 마지막 '장막절' 만이 아직 그 영적 의미가 이루어지지 않았고 우리는 그것이 성취되기를 기다리고 있습니다.

유월절, 오순절과 마찬가지로 장막절 역시 예수님과 연관된 예언이 담긴 절기입니다.

우리 양력으로 보통 4월에 유월절이 오고, 그로부터 50일 후 즉 6월 초에 오순절이 옵니다. 그리고 이스라엘의 종교력으로 7월, 우리 양력으로는 거의 10월 중순 이후에 가서야 세 번째 절기인 장막절이 옵니다. 이것은 예수님의 유월절의 죽으심이 있은 직후 오순절의 교회 탄생이 있을 것과, 그로부터 어느 만큼의 시간이 지난 후에 장막절의 의미가 성취될 것을 암시하고 있습니다.

장막절은 나팔절과 함께 한 세트로 지켜지게 되어 있었습니다. 이스라엘의 종교력으로 7월 1일이 바로 나팔절입니다. 이 날은 '대속죄일' 이 가까이 왔다는 것을 나타내는 제사장의 긴 나팔이 울려 퍼지게 됩니다. 저는 바로 이 나팔절이 예수님의 공중 재림을 나타낸다고 믿습니다.

데살로니가전서 4장에서 바울은 예수님의 공중재림이 '하나님의 나팔'과 연관되어 있음을 말했기 때문입니다. 그리고 그날로부터 10일이 지난 후 즉 7월 10일이 바로 대속죄일(욤키퍼: Yom Kippur)입니다.

대속죄일에는 두 마리의 숫염소를 제물로 바치게 되어 있었습니다. 한 마리는 죽여서 그 피를 언약궤에 바름으로써 이스라엘의 죄를 속하게 했습니다. 하지만 다른 한 마리는 이스라엘의 죄를 기록한 보자기를 그 머리에 씌워서 제사장의 손에 끌고 다시는 돌아올 수 없는 광야로 데려가서 풀어 보냈습니다. 이 염소를 '아사셀을 위한 숫 염소'라고 불렀습니다. 이 '아사셀'이라는 단어가 바로 구속을 의미합니다. 다시 말해서 이 숫염소는 '구속의 숫 염소' 입니다.

대개 구약과 신약의 '구속'의 개념은 문자적으로 다른 의미를 가지고 있었습니다. 구약에서는 히브리어로 '카파르'라는 단어가 사용되었고, 신약에서는 헬라어로 '루테르시스'라는 단어가 사용되었습니다. 히브리어의 '카파르'는 영어의 Cover up, 즉 '덮어 준다'는 의미였습니다. 그러니까 구약의 구속의 개념은 죄를 일단 덮어 둔다는 개념입니다. 완전히 없어지지는 않았지만 일단 덮어 두는 것입니다. 언제까지요?

예수님께서 오셔서 그 죄의 문제를 완전히 해결하시기까지를 말합니다. 하지만 신약의 헬라어의 '루테르시스'는 완전히 다른 개념입니다. 그것은 영어의 Cancellation 즉 '완전 무효화'라는 의미를 가지고 있습니다. 신약에서는 이미 예수님께서 십자가에 우리의 죄를 위하여 죽으셨기 때문에 우리의 죄가 단순히 일단 덮여 있는 것이 아니고 완전히 없어져 버린 상태가 되었습니다. 이 '아사셀'이라는 단어가 바로 구약 성경에서 일반적으로 구속을 나타내던 '카파르'라는 단어와는 달리 신약적인 개념을 가진 용어입니다. 그래서 우리 성경은 이 '아사셀'을 구속으로 번역하지 않고 직접적으로 히브리 단어의 음역을 가하여 '아사셀의 숫염소'라고 했습니다.

그러므로 이 대속죄일의 두 마리의 숫염소는 십자가에서 죽으실 예수님과 우리의 모든 죄를 다시는 우리에게 돌아올 수 없는 먼 곳으로 옮겨 버리실 구속의 예수님을 나타냅니다.

로마서 8장에서 바울은 "모든 피조물들이 구속의 날을 기다리고 있다."고 말했습니다. 예수님의 십자가로 이미 구속의 모든 대가가 지불되었지만 예수님의 재림의 때가 되어야 이 구속이 완전히 이루어집니다. 모든 피조물들이 그날을 기다리고 있습니다.

이 대속죄일이 지난 바로 다음 날로부터 1주일간이 바로 장막절입니다. 이 절기는 '수장절'이라고 불리기도 합니다.

그것은 한 해 동안 지은 모든 농산물들을 창고에 들인 후에 하나님께 감사하는 절기이기 때문입니다. 바로 구원받은 모든 성도들이 천국에 들어가는 것을 기념하는 절기입니다.

이 기간 동안 이스라엘 백성들은 집 마당에 초막을 치고 거기에서 지냈습니다. 그들의 조상들이 광야를 지나는 동안 하나님께서 반석에서 물을 내서 마시게 하시고, 만나를 내려 먹게 하시면서 그들을 인도해 주셨던 것을 기념하기 위해서입니다. 그래서 이 기간을 '초막절' 혹은 '장막절'이라고 부르게 됐습니다.

예수님 당시에 와서 이스라엘 백성들은 이 장막절에 예루살렘 성전에 모여서 제사를 드렸는데, 한 가지 행사가 진행되었습니다. 그것은 제사장들이 물동이를 어깨에 메고 줄지어 예루살렘 성전의 남쪽 계단을 따라 실로암 연못에 내려가서 물을 길어다가 성전 마당, 즉 커다란 반석으로 되어 있었던 그 마당에 붓는 예식이었습니다. 그것은 반석에서 물을 내서 마시게 하신 하나님의 역사하심을 기념하기 위한 것입니다.

고린도전서 10장에서 바울은 그 반석이 곧 그리스도이셨다는 것을 말했습니다. 그런데 그 장막절 행사가 진행 중이던 예루살렘 성전에 예수님께서 서셨습니다. 제사장들은 열심히 반석에 물을 가져다 부었습니다. 진정한 생수를 주실 예수님께서, 그 구약의 반석이 상징했던 바로 그분이, 지금 그들의 눈앞에 서 계신데 그들 중 아무도 예수님을 알아보지 못했습니다.

참으로 '낫 놓고 기역 자도 모르고, 빨래집게 놓고 A자로 모르는 사람들'이 아니었겠습니까?

예수님은 그들에게 말씀하셨습니다.

"명절 끝날 곧 큰 날에 예수께서 서서 외쳐 이르시되 누구든지 목마르거든 내게로 와서 마시라 나를 믿는 자는 성경에 이름과 같이 그 배에서 생수의 강이 흘러나오리라 하시니."(요한복음 7:37-38)

어떠한 종교적 형식도 여러분에게 진정한 생수를 제공해 주지 못합니다. 오직 예수님께로 직접 나아가야 합니다.

이와 같이, 이스라엘의 3대 절기는 모두 예수님과 연관되어 있었고 이미 유월절과 오순절의 의미는 성취되었습니다. 이제 남은 것은 장막절 곧 예수님의 재림과 연관된 사건들뿐입니다. 우리는 그 일이 성취되기 직전에 살고 있는 사람들입니다.

'기독교'라는 종교 시스템이 우리를 구원해 주는 것이 아닙니다. 그리스도께로 바로 가는 것이 유일한 구원의 길입니다.

생각해 봅시다!

1. 이스라엘의 3대 절기는 무엇입니까?

2. 대속죄일의 두 마리의 숫염소는 예수님과 관련하여 어떤 의미를 나타냅니까?

3. 우리가 구원을 받기 위해서 해야 할 일은 무엇입니까?

출애굽기 속의 예수님(2)

모세에게 나타나셨던 하나님

여호와의 사자(The Angel of the Lord)

창세기에서 아브라함을 만났던 멜기세덱에 관하여 다루면서 잠시 나눈 적이 있습니다마는 우리는 구약 성경에서 종종 화육하기 이전에 때론 천사의 모습으로, 때론 사람의 모습으로 그러면서도 하나님이셨다는 것이 확연히 증거되신 그리스도의 모습을 만날 수 있습니다.

우리는 이미 멜기세덱이 그리스도이셨다는 사실을 암시한 히브리서 기자의 설명을 다룬 바 있습니다.

아브라함이 장막 문에서 만났던 세 사람의 나그네 중 한 분은 하나님이셨고, 그분과 아브라함은 소돔과 고모라에 대하여 토론을 하셨습니다. 그분도 역시 화육하기 이전의 그리스도이셨습니다.

얍복강 나루터에서 야곱과 씨름을 했던 천사 역시 마찬가지입니다.

그래서 힌트를 하나 드리자면, 구약 성경을 읽다가 '여호와의 사자(The Angel of the Lord)'라는 명칭이 나오면 그분이 바로 그리스도이셨다는 것을 알면 될 것입니다.

사실 출애굽기에서 우리는 모세가 자주 하나님과 대면하여 만나는 장면을 목격합니다. 출애굽기 3장에서도 그렇고 그 후에 광야에서 하나님은 자주 모세와 만나셨습니다.

때로는 백성들이 모세가 하나님과 대면하는 장면을 목격하기도 했는데 그들은 마치 친구가 친구와 더불어 이야기하는 것처럼 하나님과 대화하는 모세를 보았다고 했습니다. 그러나 요한복음 1장 8절에서 요한은 "하나님을 본 사람이 아무도 없으되 하나님의 품 안에 계신 독생하신 하나님이 이를 나타내셨다."고 말했습니다.

하나님은 영이시므로 우리와 같은 육체의 형태를 띠고 계시지 않습니다. 따라서 영이신 하나님을 우리는 육안으로 뵐 수가 없습니다. 하나님의 형상을 우리들이 볼 수 있도록 육체를 입으시고 때때로 나타나신 분이 바로 그리스도이셨던 것입니다.

출애굽기 3장에서 그 여호와의 사자는 가시덤불의 불꽃 가운데서 모세를 부르셨습니다. 그리고 모세가 이스라엘 백성들을 출애굽 시키는 일을 위하여 하나님께 선택되었다는 것을 선포하셨습니다. 그때 모세는 그 여호와의 사자에게 물었습니다.

"하나님의 이름이 무엇인지 가르쳐 주십시오. 내가 백성들에게 가서 하나님께서 나를 보내셨다고 하면 그들이 '너를 보낸 하나님이 누구냐?' 고 물을 텐데 내가 그들에게 어떤 하나님이 나를 보내셨다고 해야 합니까?"라고 하면서 하나님의 이름을 가르쳐 달라고 했습니다.

그때 하나님께서는 "나의 이름은 여호와라. 나는 스스로 있는 자니라."라고 하셨습니다.

이 구절을 영어성경 KJV에서 보게 되면 "I AM THAT I AM."이라고 되어 있습니다. 이 말을 직역하면 "나는 'I AM' 이라고 하는 자이다."라는 뜻입니다.

사실은 이 구절을 번역할 방법이 없습니다. 문법적으로 I am 뒤에는 반드시 보어가 따라와야 합니다. 그러나 하나님께서 선포하신 이름 여호와는 보어가 들어가야 할 자리가 비어 있습니다.

이 자리를 비워 두신 이유가 무엇일까요?

그것은 우리 하나님께서 우리들에게 우리의 필요를 따라 무엇이든지 되어 주실 수 있는 분이시기 때문입니다. 그러니까 하나님은 저 멀리 높은 하늘에 보좌를 두시고 거기 앉으셔서 그저 우리를 바라만 보시는 분이 아니시고 우리의 현실 생활 가운데 직접 찾아오셔서 우리의 모든 필요들을 감찰하시고 우리를 구체적으로 도와 주시는 분이시라는 것입니다. 바로 이 '여호와' 라는 이름과 우리 예수님이 깊은 연관을 가지고 있습니다.

구약에 선포된 여호와의 이름들

우리는 이미 창세기 22장에서 훗날 예수님께서 십자가에 못 박히시게 될 갈보리 언덕에서 이삭이 하나님께 번제로 드려질 뻔했던 것을 배웠습니다. 이삭의 질문에 대해 "하나님께서 친히 어린 양(Lamb)으로써 자신을 준비해 주시리라."는 아브라함의 대답과는 달리 하나님께서는 그 자리에 뿔이 수풀에 걸린 숫양(Ram)을 한 마리 준비해 주셨습니다. 이 책의 창세기 부분을 읽으신 분들은 그 이유를 알 것입니다. 아브라함이 말했던 어린 양은 바로 훗날 그 자리에서 십자가에 죽으심으로써 모든 인류를 구속하시게 될 예수님을 의미하고 있습니다.

어떻든 하나님께서는 이삭을 대신해서 제사되어질 숫양을 준비해 주셨고 아브라함은 그 자리에 제단을 쌓은 후 그곳에서 하나님의 이름을 **'여호와 이레'** 즉 '공급하시는 여호와' 라고 불렀습니다.

'여호와 이레' 의 의미는 바로 'I am the provider.' 즉 공급자라는 의미로 '이레' 라는 단어가 be 동사 뒤의 보어로 옴으로써 문장이 완성된 것입니다. 이런 식으로 하나님의 이름은 선포되었습니다.

출애굽기 15장 26절에서 하나님은 "나는 너희를 치료하는 여호와니라." 즉 **'여호와 라파'** 로 자신의 이름을 선포하셨습니다.

다시 출애굽기 17장에서 홍해를 건넌 후 이스라엘 백성들이 만났던 아말렉과의 싸움에서 하나님께서 이스라엘 백성들에게 승리를 주신 후 모세는 자신이 손을 들고 서 있었던 그 자리에 단을 쌓고 하나님의 이름을 **'여호와 닛시'** 즉 승리의 깃발이 되시는 하나님으로 선포했습니다.

사사기 6장 24절에서 기드온은 자신에게 나타나셨던 여호와의 사자를 만난 그 자리에 제단을 쌓고 **'여호와 샬롬'** 즉 '평화 주시는 하나님' 으로 하나님의 이름을 불렀습니다.

시편 23편 1절에서 다윗은 하나님을 **'여호와 라아'** 즉 '목자가 되시는 하나님' 으로 선포했고, 예레미야는 예수님에 대하여 이렇게 예언했습니다.

> "여호와의 말씀이니라 보라 때가 이르리니 내가 다윗에게 한 의로운 가지를 일으킬 것이라 그가 왕이 되어 지혜롭게 다스리며 세상에서 정의와 공의를 행할 것이며 그의 날에 유다는 구원을 받겠고 이스라엘은 평안히 살 것이며 그의 이름은 여

호와 우리의 공의라 일컬음을 받으리라."(예레미야 23:5-6)

예레미야는 이곳에서 예수님께서 다윗의 후손으로 오실 것을 확실히 예언했고, 그는 유대인의 왕으로 오실 것이며, 그가 재림하실 때에 이 땅에서 공평과 정의로 가득한 천년왕국을 세우시고 통치하실 것을 예언했습니다. 그러면서 그때에 비로소 이스라엘에 진정한 평화가 임할 것이며 그들에게서 예수님의 이름은 '여호와 우리의 의' 즉 **'여호와 칃케누'** 라고 선포될 것을 예언한 것입니다.

에스겔도 여호와 하나님의 이름을 선포했습니다.

"그 사방의 합계는 만 팔천 척이라 그 날 후로는 그 성읍의 이름을 여호와삼마라 하리라."(에스겔 48:35)

이 말씀 역시 예수님의 재림의 때에 이루어질 일에 대한 예언입니다. 여기에서 에스겔은 다시 예수님의 이름을 **'여호와 삼마'** 즉 '우리 가운데 임재하시는 하나님'으로 선포하고 있습니다.

바로 이것이 구약 성경에서 선포된 여호와 하나님의 이름이며 이 이름들이 예수님과 밀접한 연관을 가지고 있다는 것을 발견할 수 있었습니다. 하지만 신약 성경에 와서 우리는 예수님의 이름 속에 바로 이 여호와의 이름이 있다는 것을 발견합니다.

사실 '예수'라는 이름은 히브리어의 '여호수아'라는 이름의 헬라식 음역입니다.

신약 성경이 대부분 헬라어로 쓰여졌기 때문에 예수님의 이름이 그렇게 사용되었습니다. 하지만 히브리식으로 예수님의 이름은 바로 '여호수아' 입니다.

우리가 모세오경을 끝내면 여호수아서로 들어가게 될 텐데 바로 그 책에서 우리가 만나게 될 '여호수아' 와 예수님은 사실상 동명이인입니다.

사실 여호수아의 본래의 이름은 '호세아' 였습니다. 이는 구원(Salvation)이라는 의미를 가진 단어입니다. 그러나 모세가 그를 자신의 시종으로 삼으면서 그의 이름을 '여호수아' 라고 바꾸어 주었습니다. 그의 이름 앞에 '여호와 하나님' 을 나타내는 '여' 자를 하나 넣어 준 것입니다. 그래서 여호수아의 이름의 뜻은 '구원이 되시는 여호와' 입니다.

마리아의 잉태 사실을 알게 된 정혼자 요셉은 의로운 사람이라, 만약 이 사실을 드러내면 그녀가 돌에 맞아 죽임을 당할까 봐 고통스러워하면서 이 일을 어떻게 할까 고민했습니다.

그때 천사가 요셉에게 나타나서 "이 일을 생각할 때에 주의 사자가 현몽하여 이르되 다윗의 자손 요셉아 네 아내 마리아 데려오기를 무서워하지 말라 그에게 잉태된 자는 성령으로 된 것이라 아들을 낳으리니 이름을 예수라 하라 이는 그가 자기 백성을 그들의 죄에서 구원할 자이심이라 하니라(마태복음 1:20-21)."라고 했습니다. 결국 예수님의 이름은 '여호수아' 즉 '구원이 되시는 여호와'의 줄임말입니다.

요한복음의 'I am' 시리즈

흥미로운 사실은 신약 성경의 4복음서 저자들의 예수님에 대한 나름대로의 묘사가 서로 달랐다는 것입니다. 나중에 신약 성경에 이르게 되면 다시 이야기하게 되겠지만 간략하게 이야기하면 이렇습니다.

마태는 유대인들을 염두에 두고 그의 복음서를 썼습니다.

유대인들은 그들의 왕으로 구약 성경에 예언되어 있었던 메시야를 기다리고 있었고, 마태는 예수님께서 바로 그들이 기다리는 바 구약 성경에서 예언되었던 유대인의 왕으로 오신 분이셨다는 것을 전하고자 했습니다. 그래서 마태는 그의 복음서에서 최대한 예수님을 왕으로 묘사하고 있습니다. 따라서 마태복음은 '왕의 복음'이라고 불리고 있습니다.

4복음서 가운데 유일하게 동방박사들이 예루살렘에 찾아와 "유대인의 왕으로 나신 자가 어디 계시뇨?"라고 물었던 사건을 다루고 있는 것이 마태복음입니다. 그리고 예수님의 가르침 가운데 항상 예수님은 '임금'으로 묘사되셨고 예수님의 나라는 '하늘나라(the Kingdom of Heaven)'로 묘사되고 있습니다.

마가는 주로 로마인들을 염두에 두고 그의 복음서를 썼습니다.

로마에서 유대인들은 종이었습니다. 예수님께서 "누가 너더러 5리를 함께 가자고 하거든 10리까지 함께 가 주어라."라고 하셨던 것은 그 시대 유대인들의 위치를 잘 보여 주는 힌트입니다. 당시 유대인들은 짐을 들고 가는 로마 사람들을 만나면 방향이 같든 같지 않든 무조건 5리까지는 짐을 들고 함께 가 주어야 했습니다. 마가는 그런 상황 속에 있었던 로마의 그리스도인들에게 예수님도 종으로 오셨다는 것을 전하고 싶어 했습니다.

본래 종은 말을 많이 하는 사람이 아니고 행동을 많이 하는 사람입니다. 종이 말이 많으면 얻어터집니다. 종은 말이 아니라 일을 많이 해야 합니다. 마가복음에서의 예수님도 그러셨습니다.

마가는 예수님의 설교를 별로 다루지 않았습니다. 대신 쉬지 않고 일하시는 예수님을 그렸습니다. 그래서 마가가 습관적으로 즐겨 사용했던 단어가 '즉시(Immediately)' 였습니다.

마가복음에서 예수님은 한 동네에서 다른 동네로, 한 가지 사역에서 다른 사역으로 즉시, 즉시, 움직이시면서 쉬지 않고 일하는 종이셨습니다.

누가는 주로 헬라인들을 염두에 두고 쓴 것 그의 복음서를 같습니다.

특별히 복음서 기자 가운데 유일하게 그의 복음서의 수신자를 밝힌 것이 누가였습니다.

그는 의사였고 당시 의사의 신분은 일종의 노예였습니다.

'허준'을 통해서 알 수 있듯이 우리나라의 조선시대까지도 의사는 선비가 아니고 중인 계급이었습니다. 병들어 다 죽게 된 사람들을 고쳐 주면서도 그다지 대우를 받지 못했습니다. 그저 고치면 다행이고 못 고치면 위험에 처하게 되는 그런 식이었죠.

누가도 마찬가지였습니다. 일설에 의하면 누가는 바로 그의 복음서의 수신자인 데오빌로라는 귀족의 집안에서 병을 고치는 의사였는데 이 데오빌로가 바울을 통해서 구원을 받고 은혜를 받은 후 그의 종이었던 누가를 바울의 주치의로 그의 선교 여행에 동참하도록 시켰다는 것입니다. 우리는 바울이 그의 건강에 있어서 치명적인 어떤 문제를 가지고 있었다는 힌트를 여러 곳에서 받을 수 있습니다. 그래서 바울은 누가와 같은 주치의가 필요했습니다. 그래서 우리는 사도행전에서 바울이 이 누가와 함께 했던 것을 볼 수 있습니다.

누가 역시 바울을 통해서 복음을 믿은 후 그의 상전이었던 데오빌로에게 복음서와 사도행전을 편지로 기록해 보냈다는 것입니다. 여하튼 누가는 그의 복음서의 수신자를 헬라인으로 잡았습니다. 그런데 헬라 철학의 뿌리는 인본주의 즉 휴머니즘에 있었습니다.

그래서 누가는 예수님을 참 사람, 즉 '사람의 아들'로 소개합니다. 누가는 예수님께서 참으로 인간이셨다는 것을 최대한 소개하려고 애를 썼습니다. 누가복음이 유일하게 예수님의 어린 시절을 기록하고 있는 것도 그와 무관하지 않을 것입니다.

요한은 당시 헬라 세계의 모든 세계인들을 염두에 두고 그의 복음서를 기록했던 것 같습니다.

그의 주제는 '예수님은 하나님이시다.' 입니다. 그는 유일하게 그의 복음서의 기록 목적을 자신의 책에서 밝혔습니다. "예수님이 하나님의 아들이시라는 것을 증거하기 위하여, 그리고 독자들로 하여금 그것을 믿고 구원받게 하기 위하여!"

그래서 요한은 예수님은 하나님이셨다는것을 집중적으로 기록했습니다.

물론 요한복음 1장에서 요한은 "태초에 말씀이 계셨고, 그 말씀이 하나님이셨으며 또한 그 말씀이 육신이 되어 우리 가운데 거하셨는데 그분이 바로 독생자 예수님이셨다."고 말합니다.

요한복음 안에서 요한은 계속해서 'I am' 이라는 여호와의 이름의 패턴으로 예수님을 소개하고 있습니다.

"I am……."

요한복음 안에서 항상 예수님은 이런 식으로 자신을 소개하셨습니다.

- "나는 세상의 빛이다(I am the Light of the world)."
- "나는 생명의 떡이다(I am the Bread of Life)."

- "나는 양의 문이다(I am the Door of the sheep)."
- "나는 선한 목자다(I am the Good Shepherd)."
- "나는 부활이요 생명이다(I am the Life and the Resurrection)."
- "나는 길이요 진리요 생명이다(I am the Way, the Truth, and the Life)."
- "나는 참 포도나무다(I am the True Vine)."

마침내 예수님께서 겟세마네에서 체포되실 때, 예수님은 그를 체포하러 왔던 무리들에게 물으셨습니다. 이것이 요한의 의도였습니다.

"너희가 누구를 찾느냐?"

그들이 "우리가 나사렛 사람 예수를 찾는다."고 하자 예수님은 "내가 그로라(I am He)."라고 하셨는데, 사실 원어 성경에서는 'He'라는 단어가 없습니다.

그저 "I Am!" 이렇게 선포하셨습니다. 영어 성경들을 보면 He가 이탤릭체로 되어 있는데, 그것은 본문에 없는 것을 독자의 이해를 돕기 위해서 나중에 첨가했다는 뜻입니다.

다른 복음서 저자들과는 달리 요한은 예수님의 전기 형태로 복음서를 기록하지 않고 자신의 주제에 필요한 기사들만을 골라서 자신의 의도대로 순서를 정하여 기록했습니다. 그것이 바로 마태, 마가, 누가복음을 '공관복음'으로 묶고 요한복음은 같은 복음서이면서도 공관복음으로 부르지 않는 이유인 것입니다.

예수님은 하나님이십니다.

요한이 강조해서 기록한 것처럼 'I Am'이라는 여호와의 이름이 예수님의 이름 속에 들어 있습니다.

출애굽기 3장에서 모세에게 나타나셨던 여호와의 사자, 'I Am THAT I AM.'이라고 스스로를 소개하신, 그 여호와의 이름이 예수 그리스도의 이름과 요한복음에 나타난 예수님 자신의 은유(metaphor)속에 담겨 있습니다.

다음 장에서 우리는 출애굽기에 나타나신 예수님에 관하여 좀 더 공부하게 됩니다.

생각해 봅시다!

1. 하나님의 이름 '여호와'의 의미를 생각해 봅시다.

2. 예수님의 이름은 히브리어로 ( ), 즉 '구원이 되시는 여호와'의 줄임말입니다.

3. 여호와의 이름이 예수님의 이름 속에 들어 있다는 것은 무엇을 의미할까요?

출애굽기 속의 예수님(3)

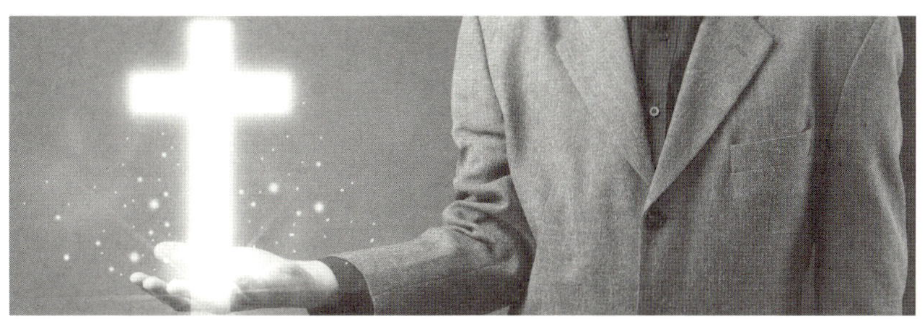

성막 속에 나타나신 예수님

애굽기의 첫 장에서 말한대로 출애굽기는 크게 두 단원으로 나눌 수 있습니다. 그 첫째 단원은 1-24장으로 이 단원에서는 출애굽과 십계명을 다루고 있고, 둘째 단원은 25-40장으로 성막에 관한 규례를 다루고 있습니다.

지금까지 우리는 전반부에 나타나신 예수님에 대하여 공부를 했고, 이제 후반부 즉 성막과 관련된 예수님에 관한 상징들에 대해서 공부하고자 합니다.

출애굽기의 전반부에서 하나님께서는 이스라엘 백성들에게 율법을 선포하시면서 그들이 출애굽한 것은 그들의 탁월함 때문이 아니었다는 것을 분명히 하셨습니다.

만약 그들이 탁월하거나 의로워서 하나님께서 그들을 애굽에서 구별해 내신 것이었다면 하나님은 그들을 애굽에서 인도해 내자

마자 곧장 그들을 가나안으로 데려가셨을 것입니다.

하지만 하나님께서는 그들을 가나안으로 바로 이끌어 가지 않으셨습니다. 오히려 하나님께서는 그들을 홍해의 위기, 마라의 쓴 물 등등 장애물들 가운데로 이끌어 가셨습니다. 하나님께서는 이런 일련의 사건들을 통해서 그들 자신이 얼마나 연약한 존재들인가를 절실히 배우기를 원하셨습니다. 그리고 그들이 의지하고 또한 바라볼 곳은 오직 하나님뿐이라는 것을 가르치신 것입니다. 그래서 하나님께서는 그들을 시내산으로 이끌어 가셨고 그들에게 십계명을 선포해 주셨습니다.

로마서에서 바울이 말한 대로 율법은 우리를 의롭게 하는 것이 목적이 아닙니다.

오히려 우리가 죄인이라는 사실을 알려 줌으로써 우리들로 하여금 우리의 구속주가 되시는 예수님께로 우리를 인도하시기 위한 것이었습니다. 그래서 바울은 율법을 '우리를 그리스도께로 이끌어 가는 몽학선생'이라고 표현했습니다.

몽학선생이라고 하면 일견 '아, 꿈풀이를 잘 하는 선생이신가?' 하는 오해를 갖기 쉽습니다. 하지만 몽학선생이라는 것은 헬라어에서 '파이다고고스'로, 어린아이를 선생님에게까지 인도하는 역할을 맡았던 사람을 의미합니다.

당시에는 부잣집에 여러 가지 다른 직무를 맡은 종들이 있었는데 그중, 부잣집 자녀를 시간 맞추어 깨워서, 세수시키고, 옷 입히고, 밥 먹이고, 학교까지 데려다 주는 역할을 맡았던 종이 바로 몽학선생입니다. 그러니까 몽학선생은 진짜 선생님이 아니고, 진짜 선생님에게까지 데려다 주는 역할을 하는 사람이었습니다.

바울은 율법이 우리들로 하여금 스스로 죄인이며 구세주가 필요하다는 사실을 절실히 깨닫게 해 주고, 그래서 진짜 스승이신, 진짜 구세주이신 예수님께로 우리를 인도해 주는 역할을 맡고 있다고 설명하고 있습니다.

하나님께서는 출애굽기의 전반부에서 율법을 선포하심으로써 우리가 죄인이라는 사실을 깨우쳐 주셨고, 후반부에서 그 죄의 문제를 해결받기 위하여 하나님 앞으로 나아가는 길, 즉 예배의 길을 제공해 주신 것입니다.

저는 이 부분이 참으로 좋습니다. 율법을 통해서 우리는 자신이 죄인이라는 것을 깨닫고 죄인된 우리가 어린 양 예수님의 피로써 하나님께로 나아가 하나님과 교제할 수 있다는 것을 하나님께서는 바로 이 출애굽기 후반부의 성막에 관한 규례들을 통해서 보여 주셨기 때문입니다.

따라서 성막은 그 입구부터 가장 깊은 곳의 지성소에 이르기까지 그 모든 구조와 재료 그리고 크기에 이르기까지 모든 것이 예수님에 대한 상징들로 가득차 있습니다.

1. 성막 문: 구원으로 들어가는 오직 한 길이신 예수님

성막의 문은 오직 하나여야만 했습니다. 이는 구원으로 들어가는 길, 그리고 하나님과의 교제를 향하여 들어가는 길이 오직 예수님 한 분뿐이시라는 것을 의미합니다. 그리고 이 문은 동편을 향하여 지어져야 했습니다.

이스라엘의 열두 지파는 각각 세 지파씩 성막을 중심으로 동서남북에 자리를 잡게 되어 있었습니다. 그리고 동편은 유다 지파가 자리 잡고 있는 곳이었습니다. 이것은 오직 한 길이신 예수님께서 유다 지파에서 나오실 것을 보여 주고 있습니다.

요한복음 14장 6절에서 예수님께서는 "내가 곧 길이요 진리요 생명이니 나로 말미암지 않고는 아버지께로 올 자가 아무도 없느니라."고 말씀하셨고, 사도행전 4장 12절에서 베드로는 "다른 이로써는 구원을 받을 수 없나니 천하 사람 중에 구원을 받을 만한 다른 이름을 우리에게 주신 일이 없음이라."고 했습니다.

그렇습니다. 구원으로 가는 길은 예수님 오직 한 분뿐이십니다. 그리고 이 성막 문의 상징대로 예수님께서는 유다 지파에서 오셨습니다.

2. 번제단: 우리의 죄를 홀로 지시고 하나님께 드려지신 예수님

성막 문을 열고 들어서자마자 가장 먼저 눈에 들어오는 것은 바로 번제단이었습니다. 번제단은 놋으로 되어 있었고 놋은 성경에서 심판을 상징하는 금속입니다.

이 번제단은 예수님께서 십자가 위에서 인류의 모든 죄에 대한 제물로 죽으심으로써 인류의 구원을 이루신 것을 예표하고 있습니다. 그러므로 우리는 오직 한 길이신 예수님을 통하여 그리고 십자가에서 흘리신 보혈의 공로로 하나님의 임재 가운데로 들어가게 됩니다.

3. 물 두멍

하나님과의 교제 가운데로 들어가기 위하여, 그리스도의 보혈과 말씀으로 씻김 받는 장소인 번제단과 성소 사이에는 구리로 만든 일종의 커다란 대야가 있었고 거기에 물이 채워져 있었습니다. 이 구리는 특별히 여인들의 거울을 녹여서 얻었습니다. 당시 여인들은 구리로 된 거울을 사용하고 있었습니다.

고린도전서 13장, 소위 사랑장에서 바울이 "우리가 지금은 거울로 보는 것 같이 희미하나."라고 말할 때, "아니, 거울로 보는데 왜 희미하지?"라고 의아해할지 모르겠습니다마는 고대 사회에서는 구리를 반짝반짝하게 윤을 내어서 그것을 거울로 사용했습니다. 따라서 지금 우리가 사용하는 유리 거울과는 비교할 수 없는 선명도를 가지고 있었겠지요.

야고보는 하나님의 말씀을 거울에 비유했습니다.

"말씀을 듣고 행치 아니하는 사람은 거울을 보고 자신의 얼굴에 무엇이 묻은 것을 보고 금새 잊어버리는 자와 같다."고 했습니다. 거울은 하나님의 말씀을 의미합니다.

또한 성경에서 물은 하나님의 말씀을 뜻합니다. 결국 우리의 영혼을 순결케 하는 것은 하나님의 말씀입니다.

바울도 "이는 곧 물로 씻어 말씀으로 깨끗하게 하사 거룩하게 하시고(에베소서 5:26)."라고 말했습니다.

구원 얻은 성도들을 하나님과의 깊이 있는 교제 가운데로 들어가도록 성숙시키는 것은 하나님의 말씀입니다. 이 역시 육신이 되어 우리 가운데 오신 말씀이신 예수님을 보여 줍니다.

4. 성소

물 두멍을 지나면 성소가 나옵니다.

성소는 지상 교회를 의미합니다.

우리는 지상에서 교회 생활을 통하여 하나님과 교제를 나눕니다. 성소 안에는 지상에서의 교회 생활을 통하여 하나님과 교제가 넘치는 성도들의 생활을 보여 주는 **세 가지 가구**가 자리잡고 있었습니다.

첫 번째는 성소를 향하여 볼 때 왼편에 위치하고 있었던 순금 등대입니다.

하나님께서 오홀리압과 브살렐에게 성령으로 감화하셔서 그들은 이 등대를 특별히 디자인했습니다. 본래 등잔 밑은 어둡지만 이 순금 등대는 그 등대 자체를 빛내도록 디자인되어 있습니다. 이 등대는 예수 그리스도를 의미합니다. 이 등대에 불을 밝히는 것은 바로 감람유라는 기름이었습니다. 이 기름은 성령을 의미합니다. 성도들은 성령의 능력으로 빛이 되어 자신 속에 계신 그리스도를 빛내는 사람들이 되어야 합니다.

두 번째는 순금 등대의 맞은 편에 있는 떡 상입니다.

이 떡 상에는 이스라엘의 열두 지파를 상징하는 열두 덩이의 떡이 항상 신선하게 진설되어 있어야 합니다. 이것은 예수 그리스도께서 하늘에서 내려온 산 떡으로서 우리들의 삶을 말씀으로 양육하여 주심을 나타냅니다. 우리는 모두 매일 아침마다 신선하게 갓 구운 빵을 먹듯이 하나님의 말씀을 묵상하면서 하나님과의 교제를 지속해야 합니다.

세 번째로 성소의 정면 즉 성소 휘장 바로 앞에는 금 향단이 위치하고 있었습니다.

이 금 향단은 바로 성도의 기도생활을 의미합니다.

우리는 요한계시록 5장 8절에서 향연과 성도의 기도가 하나님의 보좌 앞에 쏟아지는 광경을 봅니다. 특별히 우리가 기억할 것은 성소 이편에서 휘장을 넘어 지성소로 들어갈 수 있는 것은 제단에서 취한 어린 양의 피와 향단에서 취한 향연, 이 두 가지뿐이라는 것입니다.

우리들의 지상에서의 신앙 생활 가운데 하나님의 보좌에 상달되는 것은 바로 예수님의 보혈을 의지하는 믿음과 그 믿음에 기초한 우리들의 기도뿐인 것입니다.

5. 지성소

이제 성막의 마지막 장소는 지성소입니다. 지성소는 하나님의 임재의 영광이 드리워 있었던 장소로 하나님의 보좌가 있는 천상의 교회를 의미합니다. 하나님께서는 천국의 영광을 이 땅에서 경험할 수 있도록 이스라엘 백성들에게 지성소를 주신 것입니다.

우리는 예수 그리스도로 말미암아 바로 이 천국의 영광을 우리들의 삶 가운데에서 경험할 수 있는 축복을 누릴 수 있습니다.

이 지성소는 사방이 모두 막혀 있어서 빛이 들어올 틈이 전혀 없었습니다. 하지만 대제사장이 지성소에 들어갔을 때 그들은 하나님의 임재를 알리는 그 영광의 광채(Shekinah Glory)로 인하여 언약궤에 피를 뿌리고 언약궤 주변에 향연을 뿌리는 등 예배의 행위들을 할 수 있었던 것입니다.

오늘날 우리가 하나님의 자녀로서 이 땅에 살아가는 동안도 우리의 영혼의 지성소에서 우리는 하나님의 임재의 영광의 광채를 맛보며 하나님과 깊은 교제의 은총을 누릴 수 있습니다. 왜냐하면 우리는 모두 왕 같은 제사장들이니까요.

이 지성소 안에는 언약궤가 있었습니다.

그 언약궤 안에는 **세 가지 물건**이 들어 있었는데 이 모든 것들이 예수 그리스도를 보여 줍니다.

첫째는 십계명의 두 돌판이었는데 우리의 재판장이신 예수님을 보여 주고 있으며,

둘째는 만나 한 오멜이 들어 있는 항아리였는데 이는 우리의 영적 양식 즉 말씀이신 예수님을 보여 주고 있고,

셋째는 아론의 싹 난 지팡이였는데 이는 우리의 영원한 대제사장이신 예수님을 나타내고 있습니다. 그러니까 하나님께서는 하나님의 존재를 바로 예수 그리스도를 통하여 우리 가운데 나타내주신 것입니다. 우리들의 삶에 예수님이 함께하실 때 우리는 바로 하나님의 임재가 함께하시는 천국을 경험하게 됩니다.

이 언약궤는 거룩하신 하나님의 임재 그 자체를 담고 있었기 때문에 누구라도 죄인으로서 이 언약궤를 들여다보면 죽음을 당하게 되어 있습니다.

그러므로 이 언약궤는 항상 뚜껑이 덮여 있도록 되어 있었는데 이 언약궤의 뚜껑이 바로 시은좌(Mercy Seat)였습니다.

이 말은 문자 그대로 '은혜를 베푸시는 장소'라는 뜻입니다. 이 시은좌 위에는 두 그룹의 천사들의 상이 서로 머리를 맞대고 아래를 내려다보는 모습으로 서 있었습니다. 바로 그 천사들의 날개 아래에서 하나님께서는 이스라엘 백성들과 만나 주시기로 약속하셨습니다.

대제사장들이 이스라엘의 문제를 안고 지성소로 들어올 때 하나님께서는 바로 이 천사들의 날개 그늘 아래에서 이스라엘의 모든 문제를 받아 주시겠다고 하셨습니다. 그래서 성경에서 우리는 이스라엘 백성들이 하나님의 사랑을 이야기할 때 항상 이 날개 그늘을 언급하고 있는 것을 볼 수 있습니다.

"나를 눈동자 같이 지키시고 주의 날개 그늘 아래에 감추사." (시편 17:8)

"하나님이여 주의 인자하심이 어찌 그리 보배로우신지요 사람들이 주의 날개 그늘 아래에 피하나이다."(시편 36:7)

"하나님이여 내게 은혜를 베푸소서 내게 은혜를 베푸소서 내 영혼이 주께로 피하되 주의 날개 그늘 아래에서 이 재앙들이 지나기까지 피하리이다."(시편 57:1)

"내가 영원히 주의 장막에 머물며 내가 주의 날개 아래로 피하리이다."(시편 61:4)

"주는 나의 도움이 되셨음이라 내가 주의 날개 그늘에서 즐겁

게 부르리이다."(시편 63:7)
"그가 너를 그의 깃으로 덮으시리니 네가 그의 날개 아래에 피하리로다 그의 진실함은 방패와 손 방패가 되시나니."(시편 91:4)

이렇게 생각해 보십시오.

태양이 없이는 지구상의 어떤 존재도 생명을 부지할 수 없습니다. 심지어는 저 깊은 심해 속에 있는 생명체도 태양을 필요로 합니다. 하지만 태양광 속에는 인체에 해를 주는 자외선 같은 광선들이 포함되어 있으므로 그 앞에 그대로 노출되면 우리는 모두 타 죽게 됩니다. 그래서 하나님께서 지구를 지으실 때 오존층 같은 보호장치를 두셔서 우리들이 태양으로부터 필요한 것들만 공급받을 수 있도록 해 주신 것입니다.

불행히도 그 오존층이 파괴되어 오늘날 많은 사람들이 피부암 같은 무서운 질병에 노출되어 있습니다. 이렇게 태양이 없이 살 수 없는 것처럼, 하나님 없이는 아무도 살 수 없습니다. 그러나 죄악된 인생들이 하나님 앞에 그대로 드러나면 그의 의로 인하여 죽임을 당합니다. 따라서 하나님께서는 예수 그리스도의 십자가라는 안전장치를 제공해 주셨습니다.

하나님께서 주신 오존층처럼, 그 십자가 그늘 아래에서 우리는 하나님의 저주를 피하고 생명과 보호하심과 은총과 축복만을 경험하게 됩니다.

룻기를 보면 모압에서 태어난 룻이 보아스의 발치 이불을 들고 그 아래 눕는 장면을 볼 수 있습니다. 이때, 보아스가 룻을 보고, "네가 누구냐?"고 물었습니다.

룻이 대답하기를 "나는 당신의 시녀 룻이오니, 당신의 옷자락으로 나를 덮으소서."라고 말했습니다. 흥미로운 사실은 여기 옷자락이라는 단어가 히브리어에서 '카나프'입니다.

이 단어는 옷자락이라는 의미도 있고, 날개라는 의미도 있습니다. 그러니까 우리나라 옛 어른들의 말씀처럼 히브리어에서 '옷이 날개'입니다.

룻의 말을 달리 해석하면 '당신의 날개로 나를 덮으소서.'가 됩니다.

룻은 모압 여자였습니다. 모압은 암몬과 함께 영원히 이스라엘의 총회에 들어올 수 없다고 규정된 민족이었습니다.

구약에서 구원의 조건이 아브라함의 후손이 되는 것으로 간주되었던 것을 감안하면, 이 룻이라는 여자는 이 땅에 태어나는 순간부터 구원의 가능성이 전혀 없는 구원 밖의 죄인이었습니다.

이것이 아담의 후손으로 이 땅에 태어난 우리의 실정을 보여 주는 것이 아니고 무엇이겠습니까?

그런 그녀가 보아스의 날개 아래로 들어갑니다.

'당신의 날개로 나를 덮으소서.'라고 간절히 소원하면서…….

룻이 이런 표현을 배운 것은 바로 보아스에게서입니다.

룻기 2장 12절을 읽어 보면 보아스가 룻을 처음 만났을 때, 그녀에게 "이스라엘의 하나님의 날개 아래 보호를 받으러 온 네게 여호와께서 상 주시기를 원하노라."라고 축복해 주었던 것을 보게 됩니다. 바로 보아스가 말했던, 이스라엘 사람들이 보편적으로 표현하던 그 하나님의 은총의 날개, 즉 시은좌의 그룹들의 날개 아래로 보호를 받으러 온 룻이라는 가련한 여인을 보아스가 품어 줍니다. 룻은 보아스의 표현을 그대로 사용합니다.

"당신의 날개로 나를 덮으소서."

이 말은 곧, '내게 있어서 하나님의 보호의 날개는 바로 당신의 날개입니다.' 라는 고백입니다.

여기에서 보아스는 틀림없는 예수 그리스도의 그림자입니다. 보아스의 이름의 뜻은 '유력자(Mighty man of wealth)' 입니다. 우리 예수님도 유력자이십니다. 보아스가 베들레헴 사람이었던 것처럼 우리 예수님도 베들레헴에서 나셨습니다. 무엇보다 놀라운 사실은 결국 룻은 보아스와 결혼을 했고, 그의 신부가 되었습니다. 그리고 아기를 낳았습니다. 그가 오벳이며, 오벳이 이새를 낳았고, 이새가 다윗을 낳았습니다.

"와우(Wow)!"

여기서 이런 표현이 나와야 합니다.

전혀 구원의 가능성이 없었던 모압 여자로 태어난 룻이 보아스의 날개 아래에서 이스라엘 백성이 되었을 뿐만 아니라, 다윗의 증조 할머니가 됐습니다. 다시 말해서 예수님의 가족이 됐습니다.

'우린 주 안에 한 가족(We are the Lord's own family)' 바로 이 노래가 룻의 주제가입니다. 이것이 바로 구속의 드라마입니다. 우리들이 바로 시은좌의 그룹들의 날개 아래로 나아왔던 이스라엘 백성들처럼 그리스도의 십자가 그늘 밑에 나아올 때, 룻처럼 놀라운 은총을 경험하게 됩니다.

예수님께서 부활하셨던 아침, 무덤을 찾아왔던 야고보의 모친 마리아는 무덤에서 돌문이 옮겨지고 그 돌문 위에 앉아 있는 천사를 만났습니다.

저는 이 그림이 바로 언약궤의 뚜껑, 즉 시은좌를 옆으로 옮겨 놓은 모습과 같다고 생각합니다. 돌문 위에 천사들이 날개를 접고 앉아 있는 모습을 그려 보십시오. 그것은 바로 이 무덤이 우리의 삶에 하나님의 임재를 가져다 주신 예수 그리스도의 구속의 죽으심이라는 것을 분명히 하고 있습니다.

모두 예수 그리스도의 십자가 밑으로 나오십시오. 그곳이 우리의 유일한 피난처요, 하나님께서 은혜를 베푸시는 장소입니다.

6. 성소의 부대시설들

사실 이 성막에 관한 내용만으로도 책 한 권이 부족할 만큼 우리는 많은 것을 공부할 수 있습니다. 하지만 이 책의 목적은 성경 전체를 개관할 수 있도록 하는 것이므로, 간략하게 정리하도록 하겠습니다.

성소와 지성소를 가로막고 있는 휘장은 청색, 자색, 홍색 실과 가늘게 꼰 베실로 직조되어진 일종의 카펫과 같은 것입니다.

그 휘장에는 그룹들이 수놓아져 있었고, 이 휘장은 마치 그룹들과 두루 도는 화염검으로 생명나무로 가는 길을 막으신, 아담의 타락 이후의 하나님의 조치를 보여 주는 듯했습니다. 바로 이 지상 교회의 생활로부터 하나님의 임재의 깊은 곳으로 나아가는 그 길목에 바로 이 휘장이 있습니다.

이 휘장의 두께는 거의 어른들의 손으로 한 뼘에 이르는 두께를 가지고 있었다고 합니다. 그러니 아무리 천하장사라도 사람의 손으로는 이 휘장을 찢을 수가 없습니다.

그러나 예수님께서 십자가에 못 박혀 죽으셨을 때, 이 휘장이 위에서 아래로 찢어져 둘이 되었습니다. 아래에서 위로가 아니라, 위에서 아래로입니다.

이것은 이 휘장을 찢으신 분이 누구신지를 명확히 보여 줍니다. 그래서 드디어 우리는 모두가 왕 같은 제사장으로 각자 하나님의 임재 가운데로 들어갈 길이 열렸습니다.

그 외에도 성막을 덮고 있었던 앙장들과 덮개들, 그리고 울타리를 이루고 있었던 기둥들과 세마포 휘장들…… 이런 모든 것들이 우리 예수님의 다양한 면들을 보여 주는 상징들입니다. 이 내용들을 꼭 공부해 볼 수 있는 기회를 갖도록 권하고 싶습니다.

창세기는 인류의 죄를 보여 주었고, 출애굽기는 그 죄로부터의 구속을 보여 주었습니다. 이제 구속받은 성도들은 하나님을 예배할 수 있는 특권을 얻은 것입니다.

따라서 세 번째 책인 레위기는 우리들에게 구속받은 성도들의 예배에 대해서 보여 줄 것입니다.

생각해 봅시다!

1. 출애굽기 후반부에서 죄 해결을 위해 하나님께 나아가는 길, 즉 (   )의 길이 열렸음을 보여 줍니다.

2. 성막의 문이 오직 하나라는 것은 무엇을 의미합니까?

3. 하나님의 은혜의 날개 아래에 있는 삶에 대하여 생각해 봅시다.

3

레위기

레위기 분석

레위인들의 사역 매뉴얼

우리는 지금까지 창세기와 출애굽기의 구조와 예수 그리스도에 대한 연관들에 대하여 공부했습니다.

창세기는 모든 것들의 시작을 담고 있는 책이고, 특별히 인간에게 죄가 시작된 것을 보여 주었습니다. 출애굽기는 그 죄로부터 구속을 받는 조건이 무엇인가를 보여 주었습니다. 그것은 바로 유월절 어린 양 예수 그리스도의 보혈로 말미암은 것입니다.

그리고 이제 우리가 시작하는 **레위기는 성경의 세 번째 책으로 죄로부터 구속받은 성도의 예배생활을 가르쳐 주는 책**입니다.

특별히 구약의 유대인들에게 있어서 레위 지파는 제사장과 성전 종사자들의 지파였습니다. 바로 이 레위기는 그 레위 지파들의 사역 매뉴얼과 같은 책입니다. 이 책에서 하나님은 각종 제사의 규례들을 선포해 주셨습니다.

출애굽기에서 우리는 전반부를 통해서 율법을 배웠는데, 그 율법은 우리가 죄인이라는 사실을 보여 주었습니다. 그것은 율법의 속성입니다. 우리는 죄인이기 때문에 하나님께로 갈 수 없음을 선포한 것입니다.

하지만 출애굽기의 후반부에서 하나님께서는 성막의 규례를 주셨습니다. 그것은 죄지은 인생들이 성막의 제사를 통해서 하나님과의 교제가 다시 가능해진다는 것을 보여 줍니다.

그리고 레위기에서 바로 그 제사의 구체적인 종류와 방법을 보여 줍니다. 그뿐 아니라 레위기에서는 음식과 생활의 규례 등 삶의 전반에 걸친 거룩한 삶의 규정들이 제공되고 있습니다. 그것은 성도의 경건은 오직 예배시간을 통해서만 추구되는 것이 아니라, 예배 이후의 삶을 통해서 연장되어야 한다는 것을 보여 줍니다. 우리가 하나님을 진정으로 예배하는 사람들이라는 것을 우리는 우리의 삶을 통해서 입증해야 합니다.

레위기의 구조

1-7장: 제사의 종류들

먼저 레위기의 처음 다섯 장은 **다섯 가지 종류의 제사**를 정의해 주고 있습니다.

첫 장은 번제에 대해서, 두 번째 장은 소제에 대해서, 세 번째 장은 화목제에 대해서, 네 번째 장은 속죄제에 대해서, 그리고 다섯 번째 장은 속건제에 대해서 다루고 있습니다.

그 외에도 전제, 요제 등 다른 종류의 제사들도 있지만 이 모든 종류의 제사들은 크게 **세 가지 제사**로 요약될 수 있습니다.

이 제사들은 순서대로 드려지게 되어 있었는데, **제일 먼저 속죄제, 그 다음이 번제, 그리고 마지막이 화목제의** 순서입니다.

속죄제에는 4장에서 다룬 속죄제와 속건제가 있는데, 속죄제는 부지중에 지은 죄를, 그리고 속건제는 고의적인 범죄를 용서받고 다시 하나님과의 사귐을 회복하는 제사입니다. 먼저 죄 문제가 해결된 후에 우리는 다음 제사로 넘어갈 수 있습니다.

이사야 선지자를 통해서 하나님께서는 우리의 죄가 하나님과 우리 사이를 가로막고 있는 담벼락이 됨을 선포하셨습니다.

> "여호와의 손이 짧아 구원하지 못하심도 아니요 귀가 둔하여 듣지 못하심도 아니라 오직 너희 죄악이 너희와 너희 하나님 사이를 갈라 놓았고 너희 죄가 그의 얼굴을 가리어서 너희에게서 듣지 않으시게 함이니라."(이사야 59:1-2)

그러므로 하나님과의 교제가 가능해지려면 제일 먼저 이 죄 문제를 해결해야 합니다. 이 죄 문제는 우리 스스로는 절대로 해결할 수 없습니다. 죄의 문제는 금이나 은같이 없어질 것으로 해결될 수도 없고, 인간이 가진 어떤 권세나 도덕적 의로도 해결될 수 없습니다. 그래서 하나님께서는 죄의 문제를 해결하기 위해서는 희생이 필요함을 보였습니다. 흠 없고, 점 없는 어린 양의 희생이 필요했던 것입니다.

베드로가 그것이 무엇을 의미하는지를 보여 줍니다.

"너희가 알거니와 너희 조상이 물려 준 헛된 행실에서 대속함을 받은 것은 은이나 금 같이 없어질 것으로 된 것이 아니요 오직 흠 없고 점 없는 어린 양 같은 그리스도의 보배로운 피로 된 것이니라."(베드로전서 1:18-19)

바로 예수님께서 흘리신 보혈이 하나님과 우리 사이를 가로막고 있던 담벼락을 허물어 버리셨습니다.

"그러므로 생각하라 너희는 그 때에 육체로는 이방인이요 손으로 육체에 행한 할례를 받은 무리라 칭하는 자들로부터 할례를 받지 않은 무리라 칭함을 받는 자들이라 그 때에 너희는 그리스도 밖에 있었고 이스라엘 나라 밖의 사람이라 약속의 언약들에 대하여는 외인이요 세상에서 소망이 없고 하나님도 없는 자이더니 이제는 전에 멀리 있던 너희가 그리스도 예수 안에서 그리스도의 피로 가까워졌느니라 그는 우리의 화평이신지라 둘로 하나를 만드사 원수 된 것 곧 중간에 막힌 담을 자기 육체로 허시고 법조문으로 된 계명의 율법을 폐하셨으니 이는 이 둘로 자기 안에서 한 새 사람을 지어 화평하게 하시고 또 십자가로 이 둘을 한 몸으로 하나님과 화목하게 하려 하심이라 원수 된 것을 십자가로 소멸하시고……."(에베소서 2:11-16)

이렇게 속죄의 제사를 통해서 죄 문제가 해결되면 그 다음으로 드릴 수 있는 제사가 바로 번제(Burnt Offering)입니다.

번제는 하나님께 온전히 일생을 드리는 헌신의 제사입니다. 우리가 아무리 우리 자신을 하나님께 헌신하여 하나님의 도구로 쓰임 받기 원한다 하더라도 먼저 죄를 씻김 받은 후에야 우리는 자신을 하나님께 드릴 수 있습니다.

번제는 제물을 통째로 불에 태워서 드리는 제사입니다.

우리가 정말 구속받은 성도들이라면 이제 우리의 삶 전체를 사명과 열정으로 불타는 삶으로써 하나님께 올려 드려야 합니다. 바울 사도처럼 이제 우리가 사는 것은 우리 자신을 위한 것이 아니고 하나님의 아들을 믿는 믿음 때문임이 확실해지는 헌신의 사람들이 되기를 원합니다.

> "내가 그리스도와 함께 십자가에 못 박혔나니 그런즉 이제는 내가 사는 것이 아니요 오직 내 안에 그리스도께서 사시는 것이라 이제 내가 육체 가운데 사는 것은 나를 사랑하사 나를 위하여 자기 자신을 버리신 하나님의 아들을 믿는 믿음 안에서 사는 것이라."(갈라디아서 2:20)

이렇게 자신의 삶이 하나님께 완전히 헌신된 사람들은 더 나아가 하나님과의 깊은 교제를 상징하는 화목제(Peace Offering)를 드릴 수 있었습니다.

화목제의 특징은 그 제물의 일부를 돌려받아 하나님과 한 테이

블에서 먹고 마시는 교제의 은총이 내포되어 있습니다. 우리의 삶이 완전히 하나님의 것으로 헌신되어질 때에 우리는 하나님과의 교제가 넘치는 그런 삶을 경험할 수 있습니다. 하나님께 완전히 헌신된 삶을 사는 성도들은 그 삶에서 하나님과의 친밀하고 감격 넘치는 교제의 축복을 누리게 됩니다.

이와 같이 처음 다섯 장에서는 제사의 종류들에 대해서 말했고, 6-7장에서 레위기는 앞서 말한 제사들에 있어서의 구체적인 제사장들의 지침서를 담고 있습니다.

8-10장: 제사장들의 임명과 그들의 제사

이 단원에서 가장 중요한 구절은 바로 '여호와께서 명하신 대로' 입니다. 제사장들의 사역에 관하여 이 구절이 가장 많이 강조되고 있다는 것을 우리는 주목해야 합니다. 다시 말해서 우리들의 예배는 '여호와께서 명하신 대로' 드려져야 합니다. 예배는 우리 자신을 기쁘게 하기 위한 행위가 아니고, 바로 하나님을 기쁘시게 하기 위한 행위라는 것이 명백해야 합니다.

제가 자주 말씀드리는 것입니다마는 대개 성도들이 예배에서 은혜를 받고 축복을 받는다고 생각합니다. 그래서 예배를 통해서 은혜 받고, 축복 받아서 삶을 승리하며 살 수 있다고 생각합니다. 이치에 맞는 말 같지만 성경적인 것은 아닙니다. 물론 화목제의 규례에서 배울 수 있듯이 예배는 하나님과의 교제의 은총을 통해서 우리들이 나누어 갖는 몫도 분명히 있습니다. 하지만 근본적으로 예배는 하나님을 기쁘시게 하는 행위입니다.

실제로 은혜란 이미 우리가 아직 죄인 되었을 때에, 죄 없으신 하나님의 아들 예수 그리스도께서 우리를 위하여 십자가 위에서 피 흘려 죽으심으로써 우리의 죄를 구속하셨을 때 이미 우리에게 주어진 것입니다. 그러므로 엄밀히 말해서 은혜는 우리가 비로소 받는 것이 아니고, 이미 받은 것을 깨닫는 것일 뿐입니다.

축복은 예배를 통해서 받는 것이 아니고 우리의 삶을 통해서 받는 것입니다. 하나님의 말씀을 배움으로써 날마다 성숙해 가는 우리들의 실질적인 삶에서 우리는 하나님과 함께 살아가는 놀라운 축복을 누리는 것입니다.

예배는 바로 그 삶에서 받은 축복과 은혜에 대한 깨달음들을 가지고 하나님을 기쁘시게 하기 위하여 하나님께 앞으로 나아오는 것입니다. 그러기 때문에 하나님께서는 이스라엘 백성들에게 예배에 대하여 명령하시면서, 너희는 빈 손으로 내게 오지 말라고 하셨습니다. 기억하십시오. 예배는 드리러 오는 것이지, 받으러 오는 것이 아닙니다.

성도들이 예배를 통해서 자신이 은혜와 축복을 받는 것이라고 생각하기 때문에 저지르는 실수가, 모든 예배의 행위들을 자신의 관점에서 누리려 한다는 것입니다. 그러기 때문에 성도들이 때로 예배의 채점을 매기는 평가자가 되기 쉽습니다.

"오늘은 목사의 설교가 마음에 안 들었어. 성가대의 찬양이 형편없었어. 앞에서 찬양하는 아무개 자매의 의상이 이상했어……."

이런 태도는 결국 자신의 삶을 교만과 빈곤에 빠뜨립니다.

사실 강단에서 예배를 섬기는 모든 사람들이 다 하나님을 기쁘시게 하기 위해서 존재합니다. 당연히 강단 아래에서 예배하는 모든 성도들도 다 같이 하나님을 기쁘시게 하기 위해서 예배합니다. 그러니까 예배를 즐기는 청중은 오직 하나님 한 분이십니다.

생각해 보십시오. 일주일 내내 겨우 주일 한 시간 동안 예배를 통해서 받은 은혜를 가지고 버텨야 한다는 것은 끔찍한 빈곤입니다. 반대로 일주일 내내 삶을 통해서 하나님께 받은 은혜와 축복의 풍성함을 누리면서 그 소산들을 가지고 하나님을 기쁘시게 하기 위하여 하나님께로 나아와 예배하는 삶, 이 얼마나 감격 넘치고 풍요로운 삶입니까!

만약 그런 개념을 가진다면 우리의 예배는 너무나 감격 넘치는 예배가 될 것입니다. 겨우 한 시간에 어떻게 그 많은 감사와 찬양을 다 드릴 수 있겠습니까? 그때부터 예배 시간이 좀 더 길어졌으면 하는 열정이 우리의 마음에 싹트기 시작할 것입니다.

일주일 내내 받아서 겨우 한 시간에 하나님께 드린다는 것은 참으로 송구스런 일입니다.

게다가 설교하시는 목사님, 찬양을 하는 성가대와 찬양 팀, 안내위원으로 수고하시는 모든 형제 자매들, 이런 모든 이들이 내가 하나님께 예배하는 일을 돕는 분들이니 얼마나 감사합니까?

여하튼 이 단원에서 모든 예배는 하나님을 기쁘시게 하기 위해서 드려지는 것이기 때문에 하나님의 명하신 대로 드려져야 한다고 하나님께서는 선포하고 계십니다.

불행히도 아론의 아들들로서 제사장이 되었던 나답과 아비후는 '여호와께서 명하지 않으신 이상한 불로 제사를 하다가' 하나님께 죽임을 당했습니다.

이것은 우리들에게 참으로 경각심을 주는 말씀입니다.

오늘날 우리들의 예배의 요소 가운데 하나님께서 명하지 않으신 이상한 요소들이 참으로 많이 들어와 있다는 것을 발견합니다. 그것은 예배가 하나님이 아닌, 사람을 기쁘게 하기 위한 예배로 전이되고 있기 때문입니다.

11-15장: 정결한 생활을 위한 규례들

11장에서 이 세상에 있는 모든 종류의 동물들 가운데 정결한 것과 부정한 것들이 규명되고 있습니다.

12장은 인간의 내면에 잠재되어 있는 죄에 대한 교훈입니다.

13-14장은 나병에 관한 규례를, 그리고 15장은 유출병에 관한 규례를 담고 있습니다.

켈로그 박사(Dr. S. H. Kellogg)는 '레위기' (The Book of

Leviticus)라는 책을 썼는데, "현대 과학에 있어 가장 큰 발견 가운데 하나는 동물들의 질병이 그것들이 먹는 사료들 가운데 서식하고 있는 기생충들에 의한 것이다."는 것입니다.

또한 "사람들에게 있어서도 레위기 11장이 이야기하는 음식물들을 먹어야 하느냐 말아야 하느냐에 질문의 여지가 없다."는 것입니다.

켈로그 박사는 이 레위기에서 먹지 못하도록 금지하고 있는 동물들이 가지고 있는 각종 병균들을 밝혀냈습니다.

"돼지 속에는 선모충이, 칠면조에는 디프테리아균이, 그리고 말에는 비저균(glander)이라는 점막을 마비시키는 균이 들어 있다."

하나님께서 먹지 못하도록 금지하신 동물들의 특징 가운데 하나는 그것들이 지저분한 것을 먹기 때문입니다. 그러므로 당연히 병균을 보유할 확률이 대단히 높습니다.

물론 이스라엘 백성들은 이 계명들을 받을 때에 왜 그들이 이 동물들을 먹어서는 안 되는지 몰랐을 것입니다. 그들뿐 아니라 당시에 발전된 의학을 가지고 있었던 애굽 사람들도 그 이유를 몰랐을 것입니다. 그러나 역사 가운데 분명히 나타나는 것은 오늘날 창궐하고 있는 수많은 질병들이 오늘날까지도 이 레위기의 음식의 규례를 지키며 살고 있는 정통 유대인들에게 훨씬 적게 일어나고 있다는 것입니다.

연구에 의하면 유대인들의 평균 수명이 그들 주위에 살고 있었던 다른 이방인들보다 두 배에 가까웠던 때도 있었습니다.

베렌즈 박사(Dr. Behrends)의 연구 보고에 의하면 재정 러시아 당시까지도 유대인들의 평균 수명은 여타 종족보다 5년 이상 길었습니다. 오늘에 와서 유대인들의 후손들은 이 계율들을 깨뜨리는 비율이 점점 높아지고 있는데, 이에 따라서 이 간격도 점차 줄어들고 있습니다.

물론 레위기의 음식에 관한 규례는 일종의 건강을 위한 규칙들(Health Codes)입니다. 우리들의 구원과 직결된 원칙은 아닙니다. 물론 이 규례를 어길 때에 사형에 처하기도 했습니다마는 그것은 이스라엘 백성들의 건강을 지키기 위한 불가결한 일이었습니다. 그것은 영적인 구원을 잃는 것과는 다른 내용입니다.

당시 이스라엘은 특별히 진영에서 집단생활을 하고 있었습니다. 위생에 관한 관념 및 시설들도 오늘날과는 비교가 되지 않을 만큼 열악했을 것입니다. 그런 상황에서 만약 전염병이라도 생기게 된다면 이스라엘의 전체 진영에 삽시간에 영향을 미치게 될 것입니다. 따라서 하나님께서는 이 건강의 규례를 아주 섬세하게 제공해 주셨습니다.

우리가 주목해 볼 만한 것은 당시 나병이 의학적으로 전염병이라는 것도 아직 규명되기 이전에 벌써 하나님께서는 이 레위기를 통해서 나병은 격리가 필요한 전염병이라는 것을 분명히 하셨다는 것입니다.

예를 들어, 이보다 훨씬 이후에도 아람 나라(Syria)의 경우 나병에 걸린 나아만이라는 사람이 국방부 장관이라는 중책을 맡고 있었다는 것을 생각해 보십시오. 이것이 이방인들과 하나님의 백성들의 차이입니다. 이방인들에게는 너무나 보편적인 것들이 하나님의 자녀들에게는 금지되고 있습니다. 그것은 인간을 지으신 하나님께서 우리보다 훨씬 우리 인간에 대해서 잘 알고 계시기 때문입니다. 따라서 레위기에서 부정한 음식으로 규정된 것들 가운데, 오늘날 조리 방법의 개발과 식품 위생의 발전으로 자유로워진 부분이 많긴 하지만 하나님의 지식을 유념하는 것이 도움이 될 것입니다.

16-20장: 하나님의 자녀들의 생활의 규례들

16장과 17장에서 하나님은 우리가 이미 출애굽기에 나타난 예수님에 관하여 공부할 때 다루었던 대속죄일의 규례에 관하여 말씀하십니다.

18장은 성적인 일에 대한 규례들을 담고 있습니다.

당시 애굽 같은 나라들은 근친상간이나 동성연애 혹은 심지어 수간(동물들과의 간음) 등이 보편화되고 있었지만 하나님께서는 이 같은 것들을 명백히 금지하셨습니다.

19장은 사회복지에 관한 규례를 담고 있습니다. 그리고 20장은 사형에 처해야 하는 죄들을 다루고 있습니다.

21-27장: 제사장, 성물, 절기들과 땅에 관한 규례 및 순종과 서원에 대하여

21장과 22장은 제사장 개인의 성결에 관한 규례들입니다.

구약 성경에서 하나님께서는 레위 지파를 제사장 지파로 삼으셨습니다. 그리고 이스라엘을 전 세계의 모든 민족들에게 있어서 제사장 나라가 되게 하셨습니다. 물론 예수 그리스도는 우리를 위한 영원한 대제사장이십니다.

오늘 구원받은 모든 성도들이 다 '왕 같은 제사장'들입니다. 우리의 삶에서 성결을 상실하는 것은 하나님과의 사귐을 단절시키는 결과를 초래합니다.

23장은 하나님께서 이스라엘 백성들에게 명령하신 모든 절기들에 대한 규례를 담고 있습니다.

우리는 출애굽기에서 이미 유월절, 오순절 그리고 장막절 등 3대 절기들이 어떻게 예수님과 관련을 가지고 있는지 배웠습니다.

24장에서는 순금 등대에 불을 밝히기 위한 감람유, 즉 올리브기름에 관한 규례와 떡 상에 진설하기 위한 진설병의 가루에 관한 규례 등이 다루고 있습니다.

25장은 안식년과 희년에 관한 규례와 재산과 사람들의 구속에 관한 규례를 담고 있습니다.

26장에서 하나님께서는 이스라엘의 가나안 땅에서의 안녕과 축복에 관한 약속을 주십니다. 하지만 이 약속은 이스라엘의 순종이 전제되고 있습니다.

마지막 27장은 서원에 관한 각종 가르침을 담고 있습니다.

생각해 봅시다!

1. 예배의 진정한 의미에 대하여 생각해 봅시다.

2. 레위기에 나타난 다섯 가지 제사의종류는 무엇입니까?

3. 제사장 나답과 아비후가 죽임을 당한 이유와 그 의미는 무엇입니까?

레위기 속의 예수님

우리들의 성경여행에서의 가장 중요한 부분은 바로 성경 각 권에서 예수님을 찾아내는 일입니다. 왜냐하면 예수님께서 친히 모세의 율법과 시편과 선지자들의 글들이 모두 예수님 자신에 대해서 말씀하고 있다고 하셨기 때문입니다.

각종 제사의 제물들 속에 반영된 예수님의 모습

우리가 이미 이야기한 대로 레위기는 제사의 책입니다.

기본적으로 죄로 말미암아 영원한 사망이 기정사실화된 우리들에게 있어서 제사를 통한 하나님과의 교제를 가능하게 하는 것은 다름 아닌 예수 그리스도의 십자가의 희생입니다.

따라서 레위기 안에서 하나님께서 허락하신 제사의 모든 희생들은 하나같이 우리를 위하여 십자가에서 자신을 제사하심으로써 우리의 죄를 대속하신 하나님의 어린 양, 예수 그리스도를 의미하고 있습니다. 히브리서 기자는 바로 이 점에서 우리 예수님의 십자가의 희생의 의미를 이렇게 설명해 주고 있습니다.

"염소와 송아지의 피로 하지 아니하고 오직 자기의 피로 영원한 속죄를 이루사 단번에 성소에 들어가셨느니라 염소와 황소의 피와 및 암송아지의 재를 부정한 자에게 뿌려 그 육체를 정결하게 하여 거룩하게 하거든 하물며 영원하신 성령으로 말미암아 흠 없는 자기를 하나님께 드린 그리스도의 피가 어찌 너희 양심을 죽은 행실에서 깨끗하게 하고 살아 계신 하나님을 섬기게 하지 못하겠느냐 이로 말미암아 그는 새 언약의 중보자시니 이는 첫 언약 때에 범한 죄에서 속량하려고 죽으사 부르심을 입은 자로 하여금 영원한 기업의 약속을 얻게 하려 하심이라."(히브리서 9:12-15)

우리는 제사들이 세 가지 순서로 드려져야 함을 배웠습니다.

먼저는 속죄의 제사입니다. 먼저 죄 문제가 해결되어야만 우리가 하나님께 헌신도 할 수 있고, 하나님과의 화목의 교제도 가능해질 수 있습니다. 그러므로 히브리서 기자가 이야기한 것처럼 양이나 염소 혹은 황소의 피와 암송아지의 재로 죄인을 성결케 하던 이 속죄의 제사의 희생은 바로 우리 예수님의 십자가에서의 보혈을 상징합니다.

바울은 로마서에서 예수 그리스도의 십자가가 하나님과 우리 사이를 화목시키신 화목제의 의미를 가지고 있었음을 말하고 있습니다.

"이 예수를 하나님이 그의 피로써 믿음으로 말미암는 화목제물로 세우셨으니 이는 하나님께서 길이 참으시는 중에 전에 지은 죄를 간과하심으로 자기의 의로우심을 나타내려 하심이니."(로마서 3:25)

또한 바울은 예수님의 화목제로 인하여 우리가 어떻게 즐거움을 누리게 되었는지 말해 주고 있습니다.

"곧 우리가 원수 되었을 때에 그의 아들의 죽으심으로 말미암아 하나님과 화목하게 되었은즉 화목하게 된 자로서는 더욱 그의 살아나심으로 말미암아 구원을 받을 것이니라 그뿐 아니라 이제 우리로 화목하게 하신 우리 주 예수 그리스도로 말미암아 하나님 안에서 또한 즐거워하느니라."(로마서 5:10-11)

화목제의 종류 가운데 소제라는 제사가 있습니다.

이는 밀가루를 가지고 드리는 제사입니다. 예수님은 십자가를 지시기 위하여 예루살렘으로 올라가시는 길에 제자들에게 '한 알의 밀'에 대하여 말씀하셨습니다.

"내가 진실로 진실로 너희에게 이르노니 한 알의 밀이 땅에 떨어져 죽지 아니하면 한 알 그대로 있고 죽으면 많은 열매를 맺느니라."(요한복음 12:24)

우리는 대개 이 말씀에서 우리들 자신이 희생하면 많은 열매를 맺는다는 해석을 내립니다. 물론 포괄적으로 그런 의미도 내포되어 있겠지만, 예수님의 의도는 그것이 아니었습니다. 이제 예루살렘에서 십자가에 죽으실 예수님 자신이 바로 이 밀알이 되신다는 것입니다.

우리는 이미 이스라엘의 3대 절기에 대해서 배웠고, 유월절이 밀을 심는 절기이며 그 첫 열매를 하나님께 드리며 제사하는 것이 바로 오순절이라는 것을 배웠습니다.

예수님은 바로 이 유월절에 십자가에 죽으심으로써 유월절에 뿌려지던 밀알처럼 땅에 떨어져 죽으셨습니다. 그리고 예수님께서 피 흘리신 그 예루살렘에서 바로 첫 열매인 첫 번째 교회가 오순절에 이르러 탄생하게 되었습니다. 그리고 그 뒤를 따르는 많은 열매들이 이 땅에 풍성하게 맺혀지게 되었고, 바로 우리들이 그 중의 하나입니다.

이와 같이 우리는 레위기에 나타난 모든 종류의 제사의 제물들 가운데서 예수님을 볼 수 있습니다. 구약의 제사에서 제물이 없이는 제사를 드릴 수 없었습니다. 그리고 그 모든 제물은 예수 그리스도를 의미합니다. 따라서 예수 그리스도 없이는 우리가 하나님께 절대로 나아갈 수 없습니다.

나병에 관련된 규례와 예수님

레위기 속의 예수님에 관하여 이야기할 때, 반드시 다루어져야 할 부분이 바로 레위기 13-14장에 나오는 나병에 대한 규례입니다.

지난 장에서도 말씀드렸듯이 하나님께서 이 말씀을 주신 때로부터 오랜 세월이 지난 후, 시리아 즉 아람 나라에서는 아직도 나병환자였던 나아만이 군대장관을 지내고 있었던 것을 볼 수 있습니다.

하나님께서는 이미 나병이 전염성이 있는 질병이므로 환자를 격리시켜야 한다고 가르쳐 주셨는데 아직도 아람 나라에서는 나병환자가 국방부 장관의 직분을 맡고 있었다는 것입니다.

레위기 13장은 나병의 특성에 관한 가르침입니다.

그리고 레위기 14장은 나병에서 정결케 됨을 받는 규례를 보여주고 있습니다.

우선 13장에 나오는 나병의 특성은 죄의 전형적인 특성들을 그대로 담고 있습니다.

나병은 피부보다 더 깊은 곳에서 발병이 됩니다. 죄도 외형적인 곳이 아닌 인간의 깊은 내면에서부터 시작이 됩니다. 그리고 나병은 급속히 온몸에 확산되어 갑니다. 죄도 그렇습니다.

죄도 아주 작은 것에서 시작되지만 이내 온몸과 마음에 확산되어 갑니다. 나병은 무엇보다 환부의 신경을 완전히 마비시켜 버리기 때문에 손가락이 잘라져 나가고 발가락이 잘라져 나가도 감각이 전혀 없습니다.

제가 미국 캘리포니아 다이아몬드 바에 있는 갈보리채플 골든 스프링스에서 사역할 때, 그 교회를 담임하던 라울 리스(Raul Ries)라는 목사님이 인디아의 나환자촌을 방문하고 온 경험을 이야기했었습니다.

인디아의 나환자촌에서는 사람들이 마루에 걸터앉아 있을 때에 마루 밑에서 쥐가 나와서 나병환자들의 발가락을 잘라 먹는데도 불구하고 사람들이 알지 못하더랍니다.

뿐만 아니라 뜨겁게 달구어진 프라이팬 위에 손을 올려놓고도 전혀 감각이 없다가 무슨 타는 냄새 같은 것을 맡은 후에야 비로소 자기 손이 프라이팬 위에 놓여 있다는 사실을 알게 되었다는 것입니다.

죄도 이렇게 사람의 영혼의 감각을 마비시켜 버립니다. 그래서 죄는 사람들에게서 수치심도 빼앗아 가고, 하나님에 대한 두려움도 상실하게 합니다. 또한 나병은 환자 자신에게서만 급속히 퍼져 가는 것이 아니고, 타인에게도 전염을 시킬 수 있습니다. 죄도 마찬가지로 다른 사람들에게 전염되어 갑니다.

그러므로 나병에 걸린 사람은 반드시 격리시켜야만 했습니다.

그래서 이스라엘의 진영 바깥에 이 나병환자들이 집단생활을 하는 장소가 마련되어야 했습니다. 나중에 이스라엘이 가나안에 정착을 한 후에 예루살렘 남쪽의 골짜기에 예루살렘에서 나오는 모든 쓰레기를 태우는 장소가 있었는데 이곳을 '게헤나'라고 불렀습니다. 끊임없이 화염이 타오르는 곳으로 지옥을 상징하는 곳입니다.

바로 이곳에 나병환자들이 집단으로 거주하는 지역이 있었습니다. 그들은 함부로 이스라엘의 진내에 들어올 수 없었습니다. 만약 구걸이라도 하려고 들어오게 되면 그들은 사람들로부터 멀리 떨어져 있어야 했습니다. 왜냐하면 그가 누구를 만진다거나 혹은 다른 사람의 몸이 그에게 닿으면 상대방도 똑같이 격리되어야 했기 때문입니다.

만약 길을 걷다가 다른 사람이 마주 오면 그는 윗입술을 가리고 "부정하다! 부정하다! 부정하다!" 하고 소리를 쳐서 다른 사람이 그에게 가까이 오지 못하게 해야 했습니다. 이것은 죄가 우리 영혼을 얼마나 고독과 외로움 속에 빠뜨리는가를 보여 줍니다. 죄에 빠지면 가족에게서 멀어지고, 친구들에게서 멀어지고, 사회로부터 격리되고 맙니다.

그러면 14장에 나오는 나병환자에서 깨끗함을 받는 규례에 대해서 이야기해 봅시다.

흥미로운 사실은 이 규례가 나병을 치료하는 규례가 아니고, 나병에서 고침을 받은 사람이 사회로 환원되는 규례입니다. 이것은 나중에 다시 다룰 것입니다. 여하튼 이 규례는 모든 죄인을 성결케 하셔서 다시 축복된 삶으로 회복시키시려는 하나님의 사랑이 반영되어 있는 규례입니다.

이 규례는 상당히 흥미로운 순서로 진행이 됩니다.

먼저 나병에서 깨끗함을 입은 사람은 제사장을 만나야 합니다. 제사장은 진 밖으로 나아가서 이 사람을 진찰해야 합니다. 우리 예수님은 우리의 죄를 씻으시기 위하여 진 밖에서 십자가에 달리신 제사장이십니다.

제사장은 산새 두 마리를 취하여 제사를 드렸는데, 한 마리는 흐르는 물에서 질그릇에 넣어 죽였습니다.

새는 본래 질그릇 속에 살도록 지어지지 않았습니다. 자유를 가지고 마음껏 하늘을 날도록 지어졌지요.

우리 예수님도 자유를 가지신 하나님이셨습니다. 하지만 예수님은 질그릇과 같은 우리와 동일한 육체를 입고 오셔서 우리 죄를 위하여 죽으신 것입니다.

그러니까 이 질그릇 안에서 죽임을 당한 산새는 육체를 입으시고 오셔서 죽으신 예수님을 상징합니다.

이어서 백향목과 홍색 실과 우슬초를 묶어서 이 질그릇 속에서 죽은 산새의 피를 찍어 다른 한 마리의 산새에게 뿌리고 '정결하다' 라고 선포한 후 이 산새를 들판에 놓아 자유롭게 날아가게 했습니다.

이는 육체를 입으시고 오셔서 죽으셨던 예수님께서 부활하사 하늘로 오르신 것을 의미합니다. 바로 나병과 같은 죄로 죽을 수 밖에 없었던 우리를 위하여 예수님께서 죽으시고 다시 살아나신 것이 모두 우리를 정결케 하시기 위한 대속의 사역이었음을 이 규례가 보여 주고 있습니다.

그런데 여기에 더욱 흥미로운 사실이 있습니다.

사실 우리가 살고 있는 이 현대 사회에서까지도 아직 나병환자가 깨끗하게 치료되는 의료방법이 개발되지 않았습니다. 다만 나병의 진행을 방지함으로써 음성나환자로 전이시키는 방법이 나병에 대한 유일한 대처입니다. 하지만 우리는 성경에서 나병환자가 깨끗이 고침을 받은 두 군데의 기록을 봅니다.

하나는 나아만의 경우입니다. 이 나아만에 대해서는 나중에 역사서를 공부할 때 다시 다루도록 하겠습니다. 그리고 다른 경우가 바로 신약 성경에서 예수님께 나아와 고침을 받은 나병환자의 경우입니다.

예수님께 고침 받은 나병환자

마태복음 8장에서 예수님께서 산상수훈을 마치고 산에서 내려

오실 때에 한 나병환자가 많은 군중 사이를 뚫고 예수님께 나아와, "주여 원하시면 저를 깨끗게 하실 수 있나이다."라고 그의 믿음을 고백했습니다. 이것은 참으로 대단한 믿음의 고백입니다.

왜냐하면 역사 가운데 아직 아무도 나병을 깨끗이 고침 받은 기록이 없기 때문입니다. 그러나 이 사람은 예수님께서 원하기만 하신다면 자신을 깨끗이 고치실 수 있음을 믿었고 또 그 믿음을 고백한 것입니다.

그러나 율법에 의하면 이미 이 사람은 사형에 해당되는 죄를 지었습니다. 왜냐하면 나병환자가 이렇게 많은 군중 사이에 나타난다는 것은 그 자체가 사형에 해당되는 죄입니다. 만약 예수님께서 고쳐 주지 않으신다면 이 사람은 즉시 사형에 처해질 것이 뻔했습니다. 바로 그 자리에서 모든 사람들이 이 사람을 향하여 돌을 던지게 될 것입니다. 이런 위험을 무릅쓰고 이 사람은 주님께로 온 것입니다. 왜냐하면 이 사람은 예수님의 긍휼과 불쌍히 여기시는 마음을 믿었기 때문입니다.

이 사람의 기대대로 예수님은 그를 불쌍히 여기셨고 손을 내밀어 그를 만져 주셨습니다. 예수님 역시도 만약 이 사람이 고쳐지지 않는다면 나병환자에게 손을 대셨다는 사실만으로 이 나병환자와 똑같은 상황에 처해지게 되어 있었습니다.

그러나 예수님은 이 사람을 깨끗이 고쳐 주셨습니다.

이 나병환자가 말했던 것처럼, 예수님께서는 그를 고쳐 주기를 진심으로 원하셨습니다. 그러고 나서 예수님께서는 바로 이 레위기의 율법을 지적하시면서 "율법의 규례대로 제사장에게 가서 고쳐진 몸을 보이고 예물을 드려 하나님께 영광을 돌리라(마태복음 8:4)."고 하셨습니다. 바로 이 나병환자가 레위기에서 명령되어진 나병환자의 치료의 규정이 유일하게 적용된 경우입니다.

따라서 저는 개인적인 생각이긴 합니다만, 레위기의 이 말씀은 순전히 신약에서 예수님께서 행하실 일을 위한 무대를 마련한 말씀이라고 믿습니다.

생각해 봅시다!

1. 레위기에 나타난 모든 종류의 제사의 제물들이 의미하는 것은 무엇입니까?

2. 나병과 죄의 속성의 연관성에 대하여 생각해 봅시다.

4

민수기

민수기 분석

민수기: 나그네 인생길에서 하나님과의 교제

세기는 인간에게 죄가 시작되었다는 것을 보여 주었고, 출애굽기는 그 죄로부터 구속하기 위하여 유월절 어린 양으로 죽으신 예수님의 피로 말미암은 구속을 보여 주었습니다. 그리고 레위기는 구속받은 성도들의 예배생활에 관하여 보여 주었습니다.

민수기는 우리에게 무엇을 보여 주는 책일까요?

우리가 하나님께 진정으로 예배하는 사람들이라는 증거는 '우리들의 생활 속에서 우리가 하나님과 동행하는 삶을 사는가?'에 있습니다.

민수기는 바로 그런 책입니다. 이스라엘 백성들이 광야를 지나는 동안 줄곧 그들과 동행해 주신 하나님에 관한 책입니다.

제목이 민수기(Numbers)인 것은 이 책이 하나님께서 두 차례에 걸쳐서 이스라엘 백성들의 인구조사를 실시하게 하신 기록을 가지고 있기 때문입니다.

출애굽기에서도 나누었던 것처럼 민수기에 나타난 이스라엘 백성들의 광야생활은 예수를 믿고 난 후 우리의 삶과 같습니다.

하나님께 대한 가데스바네아에서의 그들의 불순종은 그들에게 38년여의 시간을 더 낭비하게 했으며, 그 기간 동안 이스라엘의 제1차 인구조사에서 계수되었던 20세 이상의 모든 남자들이 광야에서 죽고 애굽에서 나올 때에 20세 미만이었거나 광야에서 새로 태어난 2세들만이 가나안에 들어갔습니다.

다시 한 번 설명합니다마는 이스라엘 백성들이 애굽에서 나와 홍해를 건넌 것은, 고린도전서 10장에서 바울에 의하면 우리가 예수를 믿고 자신의 구주로 영접하여 세례를 받은 것과 같다고 설명하고 있습니다.

그러나 그들이 홍해를 건너서 곧장 가나안에 들어간 것은 아니었습니다. 그들에겐 40년의 광야생활이 있었습니다. 광야생활은 예수님을 믿기는 믿되 아직도 완전히 변화를 받지 못하고 육신적인 성도(Carnal Christian)의 삶을 사는 것을 의미한다고 했습니다.

오늘날의 교회에도 대단히 많은 육신적 성도들이 있습니다.

육신적인 성도들의 특징은 자기 중심의 삶(Self Centered Life)에 있습니다. 이 사람은 아직도 자아가 완전히 죽지 않았습니다. 순간순간 심지어는 자신의 신앙생활까지도 언제나 자기중심적입니다. 그는 자신의 이해가 얽히고 때로 화가 나면 하나님의 영광이나 하나님의 유익 같은 것은 완전히 자신과 상관이 없는 일이 됩니다. 이런 사람들은 참으로 불행합니다. 하나님이 약속하신 가나안, 그러니까 하나님이 다스리시고 그 다스림에 전적으로 순종하면서 승리의 싸움을 싸워 나아가는 그리스도인의 삶을 영위하지 못하기 때문입니다. 그는 날마다 일어섰다 넘어졌다, 올라갔다 내려갔다, 상승했다 침체했다 하는 생활을 반복할 뿐입니다.

물론 가나안에 들어가도 전쟁은 있습니다.

많은 사람들이 하나님을 믿으면 안일하고 평탄한 삶의 보장이 있다는 말을 듣고 싶어 합니다.

그러나 가나안에도 전쟁은 있었습니다. 그래서 가나안이 천국을 의미하는 것이 아니라는 것입니다. 천국에선 전쟁이 없습니다.

그러나 광야에서의 싸움과 가나안에서의 싸움에는 판이한 차이가 있었습니다. 광야에서의 싸움은 끊임없이 불평하고 원망하면서 싸우는 싸움입니다. 하나님의 도우심으로 원수는 이겼지만 자기 자신에는 변화가 없는 싸움입니다. 그리고 자기 땅을 차지하는 소득도 없었습니다.

그러나 가나안에서의 싸움은 달랐습니다. 가나안의 첫 번째 성, 여리고 전투를 생각해 보십시오. 그 전쟁은 침묵의 전쟁이었습니다. 그들은 다만 하나님께 순종했고 하나님께서 싸우셨습니다. 그 전쟁의 소득은 가나안을 차지하는 것이었습니다.

우리가 육신적 성도의 단계를 벗어나서 영적 성도의 단계에 들어가면 거기서 우리와 세상은 다 죽어지고, 하나님의 영광만이 찬란하게 나타나는 삶이 이루어집니다.

인구조사

시내산에서 하나님의 계명을 받은 이스라엘 백성들에게 하나님께서는 먼저 인구조사를 명령하셨습니다.

인구조사 때문에 혼쭐이 난 사람이 성경에 있습니다.

누군지 아십니까? 다윗입니다.

사무엘하 24장을 보십시오. 이것을 통하여 우리가 배우는 교훈은 이스라엘의 인구조사는 그들의 힘이나 국력을 과시하기 위한 것이 아니라는 사실입니다. 아마도 이 인구조사가 있던 날은 상당히 지루한 하루였을 것입니다. 그들은 저마다 지파별로, 가족별로 줄을 서서, 자신이 어느 계통에 속했다고 말했습니다.

> "둘째 달 첫째 날에 온 회중을 모으니 그들이 각 종족과 조상의 가문에 따라 이십 세 이상인 남자의 이름을 자기 계통별로 신고하매." (민수기 1:18)

그들은 이 인구조사를 통해서 자신이 하나님의 백성이라는 확신을 더욱 분명히 갖게 된 것입니다. 이것이 인구조사의 목적이었습니다.

'나는 누구에게 속했는가?'

이것은 아주 중요한 문제입니다.

장차 이 세상의 인류가 하나님 앞에 모이는 날이 올 것입니다. 그때에는 저마다 자기 입으로 자기 계통을 말하게 됩니다.

예수님은 그날이 양을 오른편에, 염소를 왼편에 나누시는 날이라고 선언하셨습니다. 그날에 칼빈파, 웨슬레파, 이런 것은 받아들여지지 않습니다.

"하나님, 나는 순복음교회에, 장로교회에, 감리교회에, 성결교회에, 침례교회에…… 다녔습니다."

이것도 아닙니다. 어떤 교단이 우리를 구원하는 것이 아닙니다. 다만 그날에 "나는 예수 그리스도의 계통입니다."라고 말할 수 있어야 합니다.

민수기 1장의 끝부분에서 우리는 한 가지 특이한 사실을 보게 됩니다.

> "그러나 레위인은 그들의 조상의 지파대로 그 계수에 들지 아니하였으니 이는 여호와께서 모세에게 말씀하여 이르시되 너는 레위 지파만은 계수하지 말며 그들을 이스라엘 자손 계수 중에 넣지 말고 그들에게 증거의 성막과 그 모든 기구와 그 모든 부속품을 관리하게 하라 그들은 그 성막과 그 모든 기구를 운반하며 거기서 봉사하며 성막 주위에 진을 칠지며."(민수기 1:47-50)

레위 지파는 인구조사에서 빠졌습니다. 그 이유는 그들이 전쟁에 나가지 않기 때문입니다. 레위 지파는 성막의 모든 기구를 관리하였습니다. 그래서 그들은 성막에서 제일 가까운 성막 주위에 진을 쳤습니다.

이어지는 말씀을 좀 더 보십시오.

"성막을 운반할 때에는 레위인이 그것을 걷고 성막을 세울 때에는 레위인이 그것을 세울 것이요 외인이 가까이 오면 죽일지며 이스라엘 자손은 막사를 치되 그 진영별로 각각 그 진영과 군기 곁에 칠 것이나 레위인은 증거의 성막 사방에 진을 쳐서 이스라엘 자손의 회중에게 진노가 임하지 않게 할 것이라 레위인은 증거의 성막에 대한 책임을 지킬지니라 하셨음이라." (민수기 1:51-53)

우리가 여기서 꼭 짚고 넘어가야 할 일이 있습니다.

원시적인 삶을 살고 있는 미개인들의 삶에서 제사장의 역할을 한번 생각해 보십시오. 이 원주민들은 자기들의 신을 진정시키기 위해서 한 명의 제사장을 세웁니다. 그리고 그에게 특별한 대우를 해 줍니다. 물론 전쟁에도 나가지 않게 하고, 때로 자기들이 얻은 수확물 가운데 최고 좋은 것으로 제사장의 몫을 삼습니다.

그런데 문제는 사실상 그 원주민들 자신은 그 신앙과 별개의 삶을 계속해서 살고 있다는 것입니다. 그들은 전혀 경건한 삶을 살지도 않고, 때때로 남의 것을 훔치기도 하고 심지어는 사람도 잡아서 삶아 먹습니다. 매일 이웃 종족들과 전쟁을 합니다. 그러면서도 자기들이 정한 때가 되면, 제사를 드리러 나옵니다.

그래서 자기들은 엉망진창인 삶을 살지만 자기들을 대신해서 경건하게 구별되어 자기들의 신 앞에 서 있는 제사장으로 인해서 자신들도 경건하게 여겨지기를 바랍니다. 그리고 제사장에게는 최고의 삶을 요구합니다. 뿐만 아니라 동네에 우환이 생기면 제사장이 부정을 행한 것으로 여겨서 그를 죽여 버립니다.

불행한 일이지만, 사실은 오늘날 많은 기독교인들이 이런 생활을 하고 있습니다.

그들은 목회자를 세워 놓고 그에게 인간적인 혜택을 주면서 그가 자신들을 대신해서 하나님을 기쁘시게 해 드리는 경건한 삶을 살기를 원합니다.

그리고 정한 시간에 교회에 나올 때에는 최대한 경건하게 보이려고 애를 씁니다. 하지만 교회 밖에 나가서 사는 나머지 삶은 엉망진창입니다. 적당히 사기도 치고, 싸움도 하고, 약육강식의 삶의 전쟁터에서 약한 사람들을 무참히 짓밟기도 합니다. 그러면서도 자기들은 성전을 지어 놓고, 근사한 목사님도 세워 놓고, 때마다 교회에 나가니까 그것으로 충분히 성도의 삶을 살고 있다고 생각합니다. 그러나 그들은 종교인들이지 크리스천은 아닙니다. 다만 기독교라는 하나의 종교를 신봉하는 사람들일 뿐입니다.

하나님께서 광야를 지나는 동안 레위인들에게만 성막의 일을 담당하게 하신 것을 오늘의 교회에 적용시키려 하면 안 됩니다.

왜냐하면 오늘에 와서 교회란 바로 우리 자신이기 때문입니다.

물론 교회에 있어서 목회자의 역할은 중요합니다. 그들은 최고의 수준의 도덕적인 삶을 살면서 하나님의 대변자로서 사랑을 행하며 삶에 지치고 상처를 입고 하나님의 집을 찾아 나오는 모든 양들을 하나님의 말씀으로 먹여야 할 책임이 있습니다.

그러나 목회자가 경건한 삶을 산다고 해서 그 교회에 적을 두고 있는 모든 사람들이 다 경건하게 취급된다고는 꿈에도 생각지 마십시오.

목회자가 어떠한 삶을 살아야 하는 것은 그에게 주어진 사명입니다. 우리들의 삶에 대해서는 우리가 책임을 져야 합니다.

교회에 가서는 열심히 배우십시오.

교회에 가서 가지고 있는 그 무엇을 과시하려고 애쓰지 마십시오. 교회에서는 하나님께 잠잠히 배우고 돌아가서는 그대로 살도록 애쓰십시오. 교회에 가면 대학에서 못 배운 것을 배우게 됩니다. 이 세상 어디에서도 배울 수 없는 것, 바로 살아 계신 하나님의 말씀, 예수 그리스도의 피 묻은 복음을 배우게 됩니다.

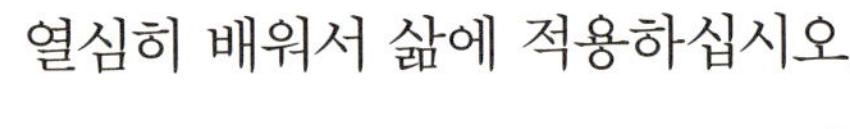

열심히 배워서 삶에 적용하십시오.

"우리는 열심히 돈 벌어서 목사님 봉급을 드릴 테니 목사님은 우리를 대신해서 멋진 삶을 사십시오. 그리고 우리를 대신해서 열심히 기도하셔서 우리들이 부자나 되게 해 주십시오."라고 말하지 마십시오.

민수기에는 두 차례의 인구조사가 나옵니다.

하나는 광야 생활의 초기에, 그리고 두 번째 인구조사는 광야 생활의 끝 무렵에 나옵니다.

우리는 여기서 참고로 제1차와 제2차 인구조사의 비교를 해 보도록 합시다. 재미있는 결과를 얻을 수 있습니다. 어쩌면 많은 사람이 감소된 지파는 그만큼 반역에 참여한 사람의 수가 많다고 볼 수 있습니다. 하나님의 뜻에 순종하느냐 불순종하느냐 그 삶의 결과는 분명 판이하게 나타날 것입니다.

르우벤 지파는 1차에 46,500명과 2차에 43,730명이, 시므온 지파는 1차에 59,300명과 2차에 22,200명이, 갓 지파는 1차에 45,650명과 2차에 40,500명이, 유다 지파는 1차에 74,600명과 2차에 76,500명이, 잇사갈 지파는 1차에 54,400명과 2차에 64,300명이, 스불론 지파는 1차에 57,400명과 2차에 60,500명이, 에브라임 지파는 1차에 40,500명이 2차에 32,500명과, 므낫세 지파는 1차에 32,200명과 2차에 52,700명이, 베냐민 지파는 1차에 35,400명이 2차에 45,600명이, 단 지파는 1차에 62,700명과 2차에 64,400명이, 아셀 지파는 1차에 41,500명과 2차에 53,400명이, 납달리 지파는 1차에 53,400명과 2차에 45,400명이 계수되었습니다.

그래서 1차 인구조사에 계수된 인구는 모두 603,550명이었고, 2차 인구조사에 계수된 인구는 모두 601,730명이었습니다.

결과적으로 1,820명이 감소된 것입니다.

하지만 이 수는 당장 전쟁에 나갈 수 있는 남자들의 수만 계수한 것이므로 여자와 어린아이들 그리고 노인의 수를 가산한다면 그 전체적인 인구에 비해서 그다지 큰 폭의 감소라고 볼 수 없습니다. 오히려 거의 동수가 유지되었습니다.

이것은 하나님께서 광야생활 40년 동안에 이스라엘 백성들을 지키시는 일에서 실패하지 않으셨다는 것을 의미합니다. 이것이 성도의 삶을 지키시는 우리 하나님의 사랑과 그 손길을 보여 주는 결과입니다.

1, 2차 인구조사의 결과를 열두 아들들에 대한 야곱의 예언과 견주어 공부해 보면 재미있습니다. 예컨대 야곱의 맏아들인 르우벤 지파의 수는 모두 43,730명이었습니다. 이는 장자라는 위치를 생각해 볼 때 다른 지파에 비하여 그리 탁월치 못한 수입니다. 야곱은 르우벤에 대하여 그가 탁월치 못하리라고 예언했습니다.

"물의 끓음 같았은즉 너는 탁월하지 못하리니 네가 아버지의 침상에 올라 더럽혔음이로다 그가 내 침상에 올랐었도다."(창세기 49:4)

더욱이 르우벤 지파의 수는 1차 인구조사 때보다 2,770명이나 줄었는데 이것은 고라의 반란 사건에 동참한 르우벤 지파의 사람들이 죽임을 당했기 때문입니다(민수기 26:9-11 참조).

"엘리압의 아들은 느무엘과 다단과 아비람이라 이 다단과 아비람은 회중 가운데서 부름을 받은 자들이니 고라의 무리에 들어가서 모세와 아론을 거슬러 여호와께 반역할 때에 땅이 그 입을 벌려서 그 무리와 고라를 삼키매 그들이 죽었고 당시에 불이 이백오십 명을 삼켜 징표가 되게 하였으나 고라의 아들들은 죽지 아니하였더라."(민수기 26:9-11)

한편, 가장 많이 감소한 지파는 시므온 지파였습니다.

그들은 59,300명에서 22,200명으로 본래 인구의 1/3 정도로 감소했습니다. 이는 시므온의 잔인한 성품을 향해 저주한 야곱의 예언이 성취되었음을 보여 줍니다(창세기 49:5-7 참조).

"시므온과 레위는 형제요 그들의 칼은 폭력의 도구로다 내 혼아 그들의 모의에 상관하지 말지어다 내 영광아 그들의 집회에 참여하지 말지어다 그들이 그들의 분노대로 사람을 죽이고 그들의 혈기대로 소의 발목 힘줄을 끊었음이로다 그 노여움이 혹독하니 저주를 받을 것이요 분기가 맹렬하니 저주를 받을 것이라 내가 그들을 야곱 중에서 나누며 이스라엘 중에서 흩으리로다."(창세기 49:5-7)

이 두 차례의 인구조사 사이에 우리는 '나실인의 서원'(6장), '불 기둥과 구름 기둥으로 인도하시는 하나님에 관한 기록'(9장), '다베라 사건'(11장) 등 백성들의 광야생활을 인도하시는 하나님의 손길에 대한 다양한 기사들을 볼 수 있습니다. 하지만 우리는 민수기에서 가데스바네아에서 약속의 땅에 들어가는 일에서 실패하는 이스라엘 백성들의 불신앙의 문제(13-15장)를 접할 수 있습니다. 그 외에 므리바의 반석 사건, 발람 선지자 사건, 그리고 불뱀과 놋뱀의 사건 등이 민수기에서 다루어지고 있습니다.

우리는 다음 장에서 이 세 가지 사건들 속에 나타난 예수 그리스도의 그림자에 대하여 집중적으로 공부하겠습니다.

생각해 봅시다!

1. 민수기는 광야에서 이스라엘 백성들과 (　　　　)해 주신 하나님에 관한 책입니다.

2. 두 차례의 인구 조사의 결과는 무엇을 의미 합니까?

민수기 속의 예수님 (1)

제사장 축도(민수기 6:22-27)에 나타난 삼위일체

민수기 6장 22~27절 말씀입니다.

"여호와께서 모세에게 말씀하여 이르시되 아론과 그의 아들들에게 말하여 이르기를 너희는 이스라엘 자손을 위하여 이렇게 축복하여 이르되 여호와는 네게 복을 주시고 너를 지키시기를 원하며 여호와는 그의 얼굴을 네게 비추사 은혜 베푸시기를 원하며 여호와는 그 얼굴을 네게로 향하여 드사 평강 주시기를 원하노라 할지니라 하라 그들은 이같이 내 이름으로 이스라엘 자손에게 축복할지니 내가 그들에게 복을 주리라."(민수기 6:22-27)

이 구절은 아마도 신약 성경에서 바울서신서들의 마지막 문안들과 함께 오늘날 예배를 끝마칠 때 목사님들이 행하는 축도의 근거가 되는 성경구절일 것입니다.

여기에 보면 '여호와'의 이름이 세 차례 언급되고 있는 것을 볼 수 있습니다.

첫 번째로 24절에서 '여호와는 네게 복을 주시고 너를 지키시기를 원하며'라고 할 때에 이것은 성부 하나님께서 주시는 축복에 대한 묘사입니다. 성부 하나님은 우리의 복의 근원이 되시는 분이십니다. 그리고 그 자녀들을 지키시는 분이십니다. 하지만 인간은 죄를 지었고, 하나님의 그 축복과 지키심에서 떠나 저주 아래 놓이게 되었습니다. 그런 인간들에게 성부 하나님의 얼굴을 다시 향하게 하시고 그 얼굴 빛으로 주의 백성들을 향하여 비추게 해 주신 분이 바로 성자 예수님이십니다. 그래서 25절의 여호와는 예수님을 의미합니다. 예수님은 죄로 죽을 수밖에 없었던 우리들에게 하나님의 은혜를 입혀 주신 분입니다.

"말씀이 육신이 되어 우리 가운데 거하시매 우리가 그의 영광을 보니 아버지의 독생자의 영광이요 은혜와 진리가 충만하더라 요한이 그에 대하여 증언하여 외쳐 이르되 내가 전에 말하기를 내 뒤에 오시는 이가 나보다 앞선 것은 나보다 먼저 계심이라 한 것이 이 사람을 가리킴이라 하니라 우리가 다 그의 충만한 데서 받으니 은혜 위에 은혜러라 율법은 모세로 말미암아 주어진 것이요 은혜와 진리는 예수 그리스도로 말미암아 온 것이라."(요한복음 1:14-17)

26절에 나타난 여호와는 성령님을 말합니다.

성령님은 하나님의 자녀들에게 평강을 주시는 분입니다. 갈라디아서 5장에서 바울은 성령의 열매가 사랑이며, 그 사랑의 속성들 가운데 하나가 화평이라는 것을 우리에게 가르쳐 줍니다. 이렇게 하나님께서 제사장에게 명하셨던 백성들을 향한 축복 속에는 삼위일체 하나님의 축복하심이 묘사되고 있습니다.

붉은 암송아지의 재(민수기 19장)

이스라엘 백성들이 죄를 지으면 그들은 하나님 앞에 속죄의 제사를 드려야 했습니다.

그래야만 그들의 죄가 용서되고 하나님과의 교제가 다시 가능해졌습니다. 하지만 광야를 여행중인 이스라엘 백성들 한 사람, 한 사람이 죄를 범할 때마다 행렬을 멈추고 짐승을 잡아서 그 피를 가지고 제사를 드린다면 이스라엘 백성들은 여행을 계속할 수가 없었을 것입니다.

그래서 하나님께서는 그들에게 다음과 같은 신기한 속죄제의 법을 제공해 주셨습니다. 쉽게 말하면 휴대용 속죄제의 제물을 만드는 법입니다. 그것은 흠 없고 아직 멍에를 져 보지 않은 붉은 암소를 잡아서 그것을 완전히 불 태운 후 그 재를 취하여 가지고 가는 것입니다.

그리고 어떤 사람이 죄를 지었으면 즉시 가까운 곳에서 흐르는 물을 가져다가 그 재를 물에 풀어서 우슬초로 그 사람에게 뿌리게 합니다. 이렇게 함으로써 군이 행렬을 멈추고 속죄의 제사를 드리지 않더라도 그 사람이 속죄를 받고 행렬을 계속할 수 있도록 하신 것입니다.

우리는 신약 성경 요한복음 13장 4-10절에서 예수님께서 대야에 물을 가져다가 제자들의 발을 씻기신 장면을 읽습니다. 베드로가 송구해서 "주님, 제 발을 절대 씻기지 못하실 것입니다."라고 하자, 예수님께서는 "네 발을 씻기지 아니하면 너와 내가 상관이 없다."고 하셨습니다. 그러자 베드로는 "그렇다면 온몸을 다 씻어 주십시오."라고 했습니다. 그때 예수님께서 "이미 목욕한 자는 발만 씻어도 깨끗하다."고 하셨습니다. 흥미로운 부분입니다.

이미 목욕했다는 것은 무슨 뜻일까요?

예수님을 믿고 이미 죄사함을 받았다는 뜻입니다. 하지만 이 광야와 같은 세상을 나그네로서 살아가는 우리는 예수님을 구주로 영접하고 구원을 받은 후에도 자주 죄를 짓습니다. 생각으로 범죄하고, 입술로 범죄하고…….

하지만 그때마다 예수님께서 그를 위하여 다시 십자가에 못 박히신다거나 또다시 피를 흘리시는 것은 아닙니다. 이미 십자가 위에서 대속의 제사를 드려 주신 예수님의 피는 우리들의 구원 이후의 모든 죄까지 깨끗하게 씻어 주실 능력이 있습니다. 그러므로 우리는 매일 매순간 그리스도의 보혈로 항상 씻김을 받고 우리 하나님과 교제할 수가 있습니다.

바로 이 어린 암송아지의 재를 휴대하면서 언제라도 그들의 죄를 용서받기 위한 제사를 드렸던 규례는 우리의 모든 죄를 사해 주신 예수님의 십자가 공로를 예표하고 있습니다.

다시 가데스에… 그리고 반석 사건(민수기 20장)

이스라엘 백성들은 애굽에서 나온 지 약 2년 이내에 벌써 가나안 남쪽 국경지대인 '가데스바네아'에 당도했었고 하나님의 약속을 믿었다면 여호수아가 말했던 것처럼 그저 '올라가서 취할 수' 있었을 것입니다.

그러나 불행히도 그들은 하나님의 약속을 믿는 데 실패했고, 그 결과 20세 이상으로 광야에 나온 성인 남자들은 하나도 가나안에 들어가지 못하리라는 하나님의 언도를 받기에 이르렀습니다.

그 후로 약 37년여가 흐르고 이제 그들은 다시 가데스에 이르렀습니다. 이것은 그들이 광야생활 40년의 거의 전부를 손바닥만 한 신 광야에서 방황하고 있었다는 것을 보여 줍니다.

여기서 우리들 정신을 번쩍 나게 해 주는 사건은 그들이 다시 광야의 반석 앞에 섰을 때, 마실 물이 떨어지자 그들은 즉시 37년여 전의 호렙산 반석에서의 사건과 똑같은 불평을 하나님과 모세 앞에 늘어놓은 것입니다.

37년여를 광야에서 방황하고도 그들은 전혀 신앙적으로 자라지 않았음을 보여 주고 있습니다.

오늘날 많은 신자들이 그런 모습을 가지고 있습니다.

결국 모세는 다시 하나님께 기도했고, 하나님께서는 모세에게 첫 번째 반석 사건과는 달리 이번에는 반석 앞에 서서 반석을 향하여 '물을 내라'고 요구하도록 하셨습니다.

그러나 모세는 그만 너무 화가 나서 흥분한 나머지 하나님께 불순종하고 반석을 두 번 내리쳤습니다. 이 사건에 대해서는 우리가 이미 출애굽기에서 다루었으므로 요지만 말씀드린다면 고린도전서 10장에서 바울이 말한 것처럼 이 반석은 바로 훗날 오실 예수 그리스도를 예표하고 있었습니다.

예수님은 십자가에 두 번 죽으실 필요가 없었습니다. 히브리서가 말하고 있는 것처럼 단번에 죽으심으로 우리의 구속을 완성시키신 것입니다.

이제 우리는 그분의 십자가 앞에 나아가 기도하기만 하면 그 구속의 보혈로 죄 씻김을 받을 수 있게 된 것입니다.

하지만 모세는 이 예수 그리스도를 나타내는 반석을 두 번 침으로써 하나님께서 계획하셨던 아름다운 그림을 깨뜨린 것입니다. 이 일로 하나님께서는 모세와 아론마저도 가나안에 들어가지 못한다고 선언하셨습니다. 이 광야의 반석은 바로 예수 그리스도의 그림자였습니다.

불뱀과 놋뱀(민수기 21장)

민수기 21장을 보면 이스라엘 백성들은 다시 하나님께 불평을 했고, 이 일로 하나님께서는 불뱀을 예비하셔서 그 불뱀에 물린 모든 백성들이 죽어 가게 되었습니다. 이때, 다시 모세가 하나님께 나아와 백성들을 위하여 중보할 때에 하나님께서는 놋뱀을 만들어 장대 끝에 높이 달아 누구든지 그것을 바라보는 자는 구원을 받게 하라고 하셨습니다.

요한복음 3장에서 니고데모와 대화하실 때 예수님은 이 광야에서 높이 달렸던 놋뱀이 바로 십자가에 높이 달리실 예수님 자신을 예표하는 그림이었다고 직접 설명하셨습니다.

> "모세가 광야에서 뱀을 든 것 같이 인자도 들려야 하리니 이는 그를 믿는 자마다 영생을 얻게 하려 하심이니라 하나님이 세상을 이처럼 사랑하사 독생자를 주셨으니 이는 그를 믿는 자마다 멸망하지 않고 영생을 얻게 하려 하심이라."(요한복음 3:14-16)

우리는 로마서에서 바울이 말한 바와 같이 첫 사람 아담의 후손으로서 죄를 유전 받고 태어났습니다. 죄의 삯은 사망이므로 우리는 이미 사망이 기정사실화된 죄인으로 이 땅에 태어난 것입니다.

이것을 민수기의 상황으로 이야기한다면 우리는 모두 불뱀에 물린 채로 이 땅에 태어난 것입니다. 그러므로 사망이 우리들 모두에게 기정사실화된 것입니다. 그런데 모든 인류를 사랑하신 하나님께서는 예수님을 마치 놋뱀처럼 십자가에 높이 달리게 하심으로써 누구든지 그를 믿기만 하면 다 구원을 얻고 영생을 얻게 하셨습니다.

모세는 이스라엘 진영의 어느 곳에서도 바라볼 수 있도록 이 놋뱀을 진영의 중앙에 높이 달았을 것입니다.

예수님도 그렇게 명백히 십자가에 달리셨습니다. 하나님은 수 백만의 이스라엘 백성들을 위하여 많은 놋뱀을 만들도록 하지 않으셨습니다. 모든 사람들을 위하여 놋뱀은 오직 하나면 충분했습니다. 이 땅에 수십억의 인구가 있지만 하나님은 천하 만민에게 예수 그리스도 이외에 구원을 얻을 다른 이름을 주신 적이 없으십니다.

> "다른 이로써는 구원을 받을 수 없나니 천하 사람 중에 구원을 받을 만한 다른 이름을 우리에게 주신 일이 없음이라 하였더라."(사도행전 4:12)

놋뱀을 바라보는 일에 있어서 믿음 이외의 어떤 조건도 선행되지 않았습니다.

부자나 가난한 자나, 배운 자나 무지한 자나, 누구든지 그저 하나님의 약속을 믿기만 하고 놋뱀을 바라보기만 하면 구원을 얻습니다.

어떤 사람은 "세상에 그런 바보 같은 이야기가 어디 있느냐?"고 조롱했을 것입니다. 죽어 가면서도 끝까지 고집을 부리면서 바라보지 않은 사람들도 있었을 것입니다. 무슨 해독제를 주는 것도 아니고, 뱀에 물려 죽어 가는 사람이 그저 눈으로 바라보는 것만으로 살게 된다는 것은 쉽게 믿어질 수 있는 일이 아니었습니다. 하지만 믿기만 한다면 이 일은 어린이라도 할 수 있는 아주 쉬운 일입니다. 오늘날 예수님을 믿고 구원을 얻는 일도 마찬가지입니다. 이 일은 너무 쉬워서 유치원생이라도 할 수 있습니다. 그러나 믿음이 없다면 박사 학위를 몇 개씩 가졌다고 하더라도 이것을 이해도 못하고, 구원도 받지 못합니다.

발람의 예언(민수기 22-25장)

이제 이스라엘 백성들은 광야 여정을 거의 끝내고 요단강만 건너면 바로 가나안에 들어갈 수 있는 모압 평야에 자리잡고 있습니다. 이때 모압 왕이었던 발락이 발람이라는 사람을 고용해서 이스라엘을 저주하려고 하는 사건이 벌어졌습니다.

이 발람이라는 사람은 아주 흥미로운 인물입니다. 그는 우상을 숭배했고 사술을 행하는 사람이었지만 동시에 여호와 하나님에 대한 지식도 가지고 있었고 하나님의 음성을 종종 듣기도 했던 신기한 사람입니다.

이 사람은 오늘날 한편으로는 하나님을 믿지만 다른 한편으로는 세상과 물질 등을 숭배하는 그런 부류의 성도들을 보여 주는 것입니다.

그런 신앙은 매우 위험합니다. 때로 은사를 경험하기도 하고, 때로 하나님의 음성을 듣기도 하지만 그것이 정말 구원 그 자체를 의미하는 것은 아니라는 것을 우리는 알아야 합니다. 나중에 이 발람은 유다서에서 '어그러진 길을 택하여 저주를 받은' 인물로 설명되고 있습니다.

발락은 발람에게 뇌물을 주고 이스라엘의 진영이 잘 내려다보이는 산으로 그를 데리고 올라가 이스라엘 진영을 한눈에 내려다보면서 그들을 저주하라고 했습니다.

하지만 발람이 입을 열었을 때, 하나님께서는 오히려 이스라엘을 축복하게 하셨습니다. 그러자 발락이 화가 나서 그를 데리고 또 다른 산으로 올라갑니다.

이번에는 이스라엘을 다른 각도에서 내려다보면서 그들을 저주하라고 했습니다. 그러나 이번에도 하나님께서 발람에게 이스라엘을 축복하게 하셨습니다. 그러자 발락은 화를 내면서 다시 그를 데리고 다른 산으로 올라갑니다.

이것이 바로 사탄이 하는 짓입니다. 그는 항상 성도들을 여러 가지 각도에서 자세히 살피면서 우리들의 결함과 실수들을 꼬집어 우리를 참소하고 유혹하려 합니다.

결국 발람을 통해서 이스라엘을 저주하려던 발락의 계획은 수포로 돌아갔는데, 결국 발람이 돌아가면서 발락에게 한 가지 꾀를 넣어 준 것입니다.

'이스라엘 백성들은 하나님의 자녀들이기 때문에 그들이 아무리 저주한다 하더라도 하나님께서 함께하시는 한 그들은 절대 저주를 받지 않는다.'는 것이고, 따라서 '그들로 하여금 하나님께서 아주 미워하시는 일을 하게 하면 하나님께서 직접 이스라엘을 치실 것이라.'는 것이었습니다.

결국 발락은 발람이 시킨 대로 미디안의 아름다운 여성들을 뽑아 이스라엘의 진영에 집어넣어 이스라엘 남자들을 미혹하게 해서 그들로 하여금 우상을 숭배하고 음란하고 방탕한 죄를 짓게 함으로써 결국 하나님의 큰 저주가 이스라엘의 진영에 임하게 하는데 성공하고 맙니다.

이것은 오늘을 살아가는 우리 모든 성도들에게 하나님 앞에서 성결한 것이 얼마나 중요한 일인지를 가르쳐 줍니다.

이 과정에서 발람이 했던 말들은 고스란히 훗날 이스라엘을 통해서 이 땅에 메시야 예수님을 보내시겠다는 하나님의 예언이 담겨 있는 말들이었습니다. 그 말씀들을 살펴보는 것은 우리에게 정말 감격 넘치는 일이 될 것입니다.

생각해 봅시다!

1. 붉은 암송아지의 재는 무엇을 예표하고 있습니까?

2. 모세가 가나안에 들어가지 못하게 된 결정적인 사건은 무엇일까요?

민수기 속의 예수님(2)

발람의 예언(민수기 22-25장)

발람의 첫 번째 예언(민수기 23:1-12)

발람은 먼저 바알의 산당에 올라갔습니다.
발락은 발람이 이스라엘을 저주해 주기를 바랬습니다.
그러나 발람은 입만 열면 이스라엘을 축복하는 예언을 했습니다. 발락은 발람을 네 군데로 데리고 갔습니다. 각각 네 군데 전망대에서 이스라엘의 진을 내려다보게 했습니다. 그러면서 그들을 저주하도록 했습니다.

사탄은 어떤 사람을 망하게 하기 위하여 종종 성도들을 산꼭대기로 데리고 올라갑니다. 그러고는 그 사람을 사방에서 살펴보게 합니다. 그의 허물이나 모자라는 어떤 점을 보고 그를 미워하게 하기 위해서말입니다. 많은 사람들이 이에 넘어집니다. 발락은 발람을 네 군데 전망대에서 이스라엘을 바라보며 그들을 저주하라고 했지만 하나님께서 시키시는 대로 그들을 축복하는 예언을 계속합니다.

여기 첫 번째 예언에서 발람은 이스라엘 백성들이 하나님께로부터 부르심을 받고 다른 민족으로부터 구별함을 받은 특별한 민족임을 선포했습니다.

뿐만 아니라, 발람은 10절에서 '야곱의 티끌을 계수할 자가 없고, 이스라엘의 1/4도 셀 수 있는 자가 없을 정도'로 이스라엘이 성장할 것을 예언했습니다.

우리는 여기서 재미있는 말씀을 하나 읽습니다.

11절에서 발람은 "나는 의인의 죽음같이 죽기를 원하며 나의 종말이 그와 같기를 바라도다."라고 했습니다.

물론 이 말은 이스라엘 사람들의 종말처럼 자기의 종말도 복되기를 원한다는 말입니다. 많은 사람들이 의인같이 죽기를 원하지만 의인처럼 살기를 원하지 않습니다.

그들은 기독교란 죽을 때 필요한 종교라고 생각하는 것 같습니다. 하지만 기독교는 살아 있을 때 필요합니다.

그저 죽을 때만 의인답게 죽고 의인과 같은 종말을 맞으면 뭐합니까? 의인다운 삶을 사는 것이 중요합니다. 성도다운 삶을 사는 것이 중요합니다. 발락은 발람의 예언을 듣고 당연히 기분이 상해서 발람을 다른 전망대(View Point)로 데려갑니다.

발람의 두 번째 예언(민수기 23:13-30)

여기서 발람은 하나님께서 말씀하신 것은 반드시 지키시며 식언치도 않으시고 후회치도 않으신다고 선포합니다.

때로 우리가 구약 성경의 다른 곳을 보게 되면 하나님께서 상황에 따라 마음을 바꾸시는 것으로 보이는 경우가 종종 있습니다.

니느웨 백성들에 대한 멸망의 예언에서 그랬고, 노아의 홍수 때에 "하나님께서 땅에 사람 지으셨음을 후회하셨다."는 말씀도 그렇습니다. 그리고 종종 모세에게 이스라엘 백성들을 없애 버리겠다고 하시다가는 모세의 중보 기도를 들으시고 마음을 돌이키셨다는 사건들이 그렇습니다. 하지만 이것은 우리들의 언어의 한계일 뿐입니다.

하나님께서는 모든 미래를 다 알고 계십니다. 그러니 무슨 후회가 있고 변함이 있으시겠습니까? 다 하나님의 뜻대로 움직여 가고 계실 뿐입니다.

특별히 발람은 이렇게 말했습니다.

> "내가 축복할 것을 받았으니 그가 주신 복을 내가 돌이키지 않으리라 야곱의 허물을 보지 아니하시며 이스라엘의 반역을 보지 아니하시는도다 여호와 그들의 하나님이 그들과 함께 계시니 왕을 부르는 소리가 그 중에 있도다."(민수기 23:20-21)

혹시 '얼마 전에는 불뱀을 보내셔서 이스라엘 백성들을 다 죽여 버리기라도 하려는 듯하셨던 하나님께서 어떻게 여기서는 이렇게 말씀하시는가' 라고 생각하는 분이 있을지 모르겠습니다. 그러나 그들이 잘못이 없고 허물이 없어서가 아니라, 하나님께서 그들의 죄와 허물을 보지 않으시기로 작정하셨기 때문입니다.

다윗은 이렇게 노래했습니다.

"허물의 사함을 받고 자신의 죄가 가려진 자는 복이 있도다 마음에 간사함이 없고 여호와께 정죄를 당하지 아니하는 자는 복이 있도다."(시편 32:1-2)

하나님께서는 이스라엘을 축복하기로 작정하셨고, 그들을 값 주고 사셨습니다.

하나님의 백성(자녀)이 된다고 하는 것은 얼마나 복 있는 일입니까?

하나님께서는 이스라엘 백성들에게 이미 약속하셨습니다.

"세계가 다 내게 속하였나니 너희가 내 말을 잘 듣고 내 언약을 지키면 너희는 모든 민족 중에서 내 소유가 되겠고 너희가 내게 대하여 제사장 나라가 되며 거룩한 백성이 되리라 너는 이 말을 이스라엘 자손에게 전할지니라."(출애굽기 19:5-6)"

발람의 예언은 이어집니다.

그는 계속해서 이스라엘을 축복하는 예언을 합니다.

"야곱의 허물을 보지 아니하시며 이스라엘의 반역을 보지 아니하시는도다 여호와 그들의 하나님이 그들과 함께 계시니 왕을 부르는 소리가 그 중에 있도다 하나님이 그들을 애굽에서 인도하여 내셨으니 그의 힘이 들소와 같도다 야곱을 해할 점술이 없고 이스라엘을 해할 복술이 없도다 이 때에 야곱과 이스라엘에 대하여 논할진대 하나님께서 행하신 일이 어찌 그리 크냐 하리로다."(민수기 23:21-23)

어떤 사술이나 복술도 이스라엘을 헤칠 수 없다는 말씀이 참으로 놀라울 따름입니다. 발람은 사람들이 이스라엘에 대하여 논할 때마다 '하나님의 행하신 일'을 논하게 될 것이라고 했습니다.

우리는 하나님께서 행하시는 일을 위하여 존재합니다. 인간적인 방편으로 우리의 재주를 나타내려고 존재하는 것이 아닙니다. 우리는 다만 하나님의 방법대로 열심히 기도하고 찬양하고 말씀공부하고 서로 사랑하면 됩니다. 그러면 우리 개인의 일과 교회의 모든 일에서 하나님의 일이 나타날 것입니다.

사람들이 앞으로 우리들에게 되어지는 모든 일들을 보면서 놀라게 될 것입니다. 우리들에 관한 이야기를 하려면 '하나님이 행하신 일'을 이야기할 수밖에 없게 될 것입니다.

하나님께서는 선택받은 이스라엘 백성들에 대하여 선언하셨습니다.

"너를 치려고 제조된 모든 연장이 쓸모가 없을 것이라 일어나 너를 대적하여 송사하는 모든 혀는 네게 정죄를 당하리니 이는 여호와의 종들의 기업이요 이는 그들이 내게서 얻은 공의니라 여호와의 말씀이니라."(이사야 54:17)

물론 이스라엘 백성들은 때때로 하나님을 거역했고 그 결과 하나님께 매를 맞았습니다. 하지만 결국은 하나님의 축복 가운데로 이끌려 나아가는 것을 봅니다. 아마 앞으로도 그렇게 될 것입니다. 왜냐하면 하나님께서 이미 이스라엘 민족의 조상인 아브라함 때부터 그렇게 약속하셨기 때문입니다. 어떠한 복술이나 저주도 그들을 하지 못합니다.

다시 발람의 이야기가 시작됩니다.

"이 백성이 암사자 같이 일어나고 수사자 같이 일어나서 움킨 것을 먹으며 죽인 피를 마시기 전에는 눕지 아니하리로다 하매 발락이 발람에게 이르되 그들을 저주하지도 말고 축복하지도 말라."(민수기 23:24-25)

드디어 발락은 발람에게 저주도 말고 축복도 말라고 합니다.

자꾸만 축복을 하니 이왕 그럴 바에야 입을 다무는 것이 낫겠다고 생각했던 모양입니다.

"발람이 발락에게 대답하여 이르되 내가 당신에게 말하여 이르기를 여호와께서 말씀하신 것은 내가 그대로 하지 않을 수 없다고 하지 아니하더이까 발락이 발람에게 또 이르되 오라 내가 너를 다른 곳으로 인도하리니 네가 거기서 나를 위하여 그들을 저주하기를 하나님이 혹시 기뻐하시리라 하고 발락이 발람을 인도하여 광야가 내려다 보이는 브올 산 꼭대기에 이르니 발람이 발락에게 이르되 나를 위하여 여기 일곱 제단을 쌓고 거기 수송아지 일곱 마리와 숫양 일곱 마리를 준비하소서 발락이 발람의 말대로 행하여 각 제단에 수송아지와 숫양을 드리니라."(민수기 23:26-30)

발람의 세 번째 예언(민수기 24:1-9)

발락은 발람을 처음에는 바로의 산당으로, 두 번째는 비스가 산으로, 그리고 세 번째는 브올산 꼭대기로 데려갑니다. 발락은 참으로 집요합니다.

"발람이 자기가 이스라엘을 축복하는 것을 여호와께서 선히 여기심을 보고 전과 같이 점술을 쓰지 아니하고 그의 낯을 광야로 향하여 눈을 들어 이스라엘이 그 지파대로 천막 친 것을 보는데 그 때에 하나님의 영이 그 위에 임하신지라 그가 예언을 전하여 말하되 브올의 아들 발람이 말하며 눈을 감았던 자가 말하며 하나님의 말씀을 듣는 자, 전능자의 환상을 보는 자, 엎드려서 눈을 뜬 자가 말하기를 야곱이여 네 장막들이, 이스라엘이여 네 거처들이 어찌 그리 아름다운고 그 벌어짐이

골짜기 같고 강 가의 동산 같으며 여호와께서 심으신 침향목들 같고 물 가의 백향목들 같도다 그 물통에서는 물이 넘치겠고 그 씨는 많은 물 가에 있으리로다 그의 왕이 아각보다 높으니 그의 나라가 흥왕하리로다."(민수기 24:1-7)

여기서 발람이 예언하고 있는 이스라엘의 왕은 예수 그리스도를 가리킵니다.

발람의 네 번째 예언(민수기 24:10-25)

"발락이 발람에게 노하여 손뼉을 치며 말하되 내가 그대를 부른 것은 내 원수를 저주하라는 것이어늘 그대가 이같이 세 번 그들을 축복하였도다 그러므로 그대는 이제 그대의 곳으로 달아나라 내가 그대를 높여 심히 존귀하게 하기로 뜻하였더니 여호와께서 그대를 막아 존귀하지 못하게 하셨도다 발람이 발락에게 이르되 당신이 내게 보낸 사신들에게 내가 말하여 이르지 아니하였나이까 가령 발락이 그 집에 가득한 은금을 내게 줄지라도 나는 여호와의 말씀을 어기고 선악간에 내 마음대로 행하지 못하고 여호와께서 말씀하신 대로 말하리라 하지 아니하였나이까 이제 나는 내 백성에게로 돌아가거니와 들으소서 내가 이 백성이 후일에 당신의 백성에게 어떻게 할지를 당신에게 말하리이다 하고."(민수기 24:10-14)

발람은 이제 발락을 떠나면서 마지막 예언을 하게 되는데 이 예언은 그리스도에 관한 아주 아름다운 예언을 담고 있습니다.

"예언하여 이르기를 브올의 아들 발람이 말하며 눈을 감았던 자가 말하며 하나님의 말씀을 듣는 자가 말하며 지극히 높으신 자의 지식을 아는 자, 전능자의 환상을 보는 자, 엎드려서 눈을 뜬 자가 말하기를 내가 그를 보아도 이 때의 일이 아니며 내가 그를 바라보아도 가까운 일이 아니로다 한 별이 야곱에게서 나오며 한 규가 이스라엘에게서 일어나서 모압을 이쪽에서 저쪽까지 쳐서 무찌르고 또 셋의 자식들을 다 멸하리로다 그의 원수 에돔은 그들의 유산이 되며 그의 원수 세일도 그들의 유산이 되고 그와 동시에 이스라엘은 용감히 행동하리로다 주권자가 야곱에게서 나서 남은 자들을 그 성읍에서 멸절하리로다 하고 또 아말렉을 바라보며 예언하여 이르기를 아말렉은 민족들의 으뜸이나 그의 종말은 멸망에 이르리로다 하고." (민수기 24:15-20)

이 예언은 일차적으로 다윗의 때에 이루어졌습니다.
다윗은 모압과 에돔과 다른 가나안 종족들을 물리쳤습니다.

"다윗이 또 모압을 쳐서 그들로 땅에 엎드리게 하고 줄로 재어 그 두 줄 길이의 사람은 죽이고 한 줄 길이의 사람은 살리니 모압 사람들이 다윗의 종들이 되어 조공을 드리니라." (사무엘하 8:2)

"다윗이 에돔에 수비대를 두되 온 에돔에 수비대를 두니 에돔 사람이 다 다윗의 종이 되니라 다윗이 어디로 가든지 여호와께서 이기게 하셨더라."(사무엘하 8:14)

하지만 이 예언의 완전한 성취는 '야곱의 별, 이스라엘의 홀'이신 그리스도 곧 메시야 안에서 이루어질 것입니다. 예수님께서 지상에 재림하시면 이스라엘은 천년왕국에서 완전한 통치를 하게 될 것이며, 이스라엘의 대적들은 완전히 패퇴하게 될 것입니다.

"찬송하리로다 주 이스라엘의 하나님이여 그 백성을 돌보사 속량하시며 우리를 위하여 구원의 뿔을 그 종 다윗의 집에 일으키셨으니 이것은 주께서 예로부터 거룩한 선지자의 입으로 말씀하신 바와 같이 우리 원수에게서와 우리를 미워하는 모든 자의 손에서 구원하시는 일이라 우리 조상을 긍휼히 여기시며 그 거룩한 언약을 기억하셨으니 곧 우리 조상 아브라함에게 하신 맹세라 우리가 원수의 손에서 건지심을 받고 종신토록 주의 앞에서 성결과 의로 두려움이 없이 섬기게 하리라 하셨도다 이 아이여 네가 지극히 높으신 이의 선지자라 일컬음을 받고 주 앞에 앞서 가서 그 길을 준비하여 주의 백성에게 그 죄 사함으로 말미암는 구원을 알게 하리니 이는 우리 하나님의 긍휼로 인함이라 이로써 돋는 해가 위로부터 우리에게 임하여 어둠과 죽음의 그늘에 앉은 자에게 비치고 우리 발을 평강의 길로 인도하시리로다 하니라."(누가복음 1:68-79)

발람의 예언 가운데 나오는 아말렉은 항상 육신(flesh)의 모형입니다. 하나님은 이스라엘에게 아말렉을 완전히 멸망시키라는 명령을 주십니다. 하지만 이스라엘이 아각 왕과 아말렉의 백성들을 살려 두었습니다. 그 결과 아각 왕의 후손 가운데 하만이라는 사람이 일어나서 에스더 때에 히브리인들을 모조리 멸절시키려고 했습니다.

우리가 육체를 완전히 정복하지 않으면 나중에 우리의 육신이 우리를 정복해 버립니다. 우리는 계속해서 이 진리를 반복해서 배우게 될 것입니다. 어떻든 우리는 영을 좇아 행해야 하며, 그래야만 육신의 정욕을 좇아 행하지 않을 수 있습니다.

바울이 이 일에 대하여 가르칩니다.

"내가 이르노니 너희는 성령을 따라 행하라 그리하면 육체의 욕심을 이루지 아니하리라 육체의 소욕은 성령을 거스르고 성령은 육체를 거스르나니 이 둘이 서로 대적함으로 너희가 원하는 것을 하지 못하게 하려 함이니라 너희가 만일 성령의 인도하시는 바가 되면 율법 아래에 있지 아니하리라 육체의 일은 분명하니 곧 음행과 더러운 것과 호색과 우상 숭배와 주술과 원수 맺는 것과 분쟁과 시기와 분냄과 당 짓는 것과 분열함과 이단과 투기와 술 취함과 방탕함과 또 그와 같은 것들이라 전에 너희에게 경계한 것 같이 경계하노니 이런 일을 하는 자들은 하나님의 나라를 유업으로 받지 못할 것이요 오직 성령의 열매는 사랑과 희락과 화평과 오래 참음과 자비와 양선과 충성과 온유와 절제니 이같은 것을 금지할 법이 없느니라."(갈라디아서 5:16-23)

생각해 봅시다!

1. 발람의 예언 가운데 나오는 아말렉을 완전히 정복하는 것이 왜 중요 합니까?

2. 발람의 예언을 공부하면서 새롭게 알게 된 사실은 무엇입니까?

민수기 속의 예수님(3)

민수기에 나타나신 예수님에 관하여 이야기를 하고자 한다면 우리는 결코 도피성에 관한 이야기를 빼놓을 수가 없습니다.

왜냐하면 이 도피성의 개념과 많은 규례들이 우리의 영적인 도피성 되시는 예수 그리스도를 예표하는 좋은 그림자가 되고 있기 때문입니다.

도피성(민수기 35장)

민수기 35장은 레위 지파의 기업분배에 관한 말씀으로 시작이 되고 있습니다.

1절로부터 4절까지를 보면, 레위 지파는 다른 지파들처럼 넓은 땅을 기업으로 분배받지 못했고, 다만 열두 지파의 땅에 여기저기 흩어져 있는 48개의 성읍을 분배받았을 뿐입니다.

이 48개의 성읍들의 동서남북으로 2,000규빗씩은 레위 지파의 땅으로 인정되었습니다. 레위 지파는 그곳에 그들의 가축과 다른 물산들과 짐승들을 둘 수 있었습니다.

이것은 레위 지파로 하여금 재산증식이나 농사 같은 일에 분요하지 말고 오직 성전에서 하나님을 섬기는 일을 하도록 하기 위한 일이었습니다. 그래서 하나님께서는 이스라엘의 각 지파들이 십일조를 드려서 그 가운데 1/10을 아론의 자손들, 즉 대제사장들에게 돌리고 나머지 9/10을 레위 지파에서 사용하도록 하셨습니다. 그러나 사실은 그 이외에 가장 놀라운 축복을 약속하셨습니다.

"여호와께서 또 아론에게 이르시되 너는 이스라엘 자손의 땅에 기업도 없겠고 그들 중에 아무 분깃도 없을 것이나 내가 이스라엘 자손 중에 네 분깃이요 네 기업이니라."(민수기 18:20)

얼마나 멋진 축복입니까?

이 세상의 그 무엇과 이 축복을 바꾸겠습니까?

하나님이 친히 그들의 기업이 되어 주겠다고 하신 것입니다.

이렇게 레위 지파에게 약속하셨던 48개의 성읍 중에서 하나님은 특별히 여섯 개의 성읍을 이스라엘 백성들을 위한 도피성으로 정하셨습니다(민수기 35:5-8).

우리는 신명기 19장과 여호수아 20장에서 이 도피성들에 대한 보충된 말씀들을 읽을 수 있습니다.

이어지는 말씀들, 즉 민수기 35장의 9절부터 34절까지의 말씀에서 하나님은 이스라엘 백성들 사이에서 우발적으로 생길 수 있는 불행한 사건들에 대하여 말씀하십니다. 당시 이스라엘 민족에게는 한 가지 전통이 있었습니다. 어떤 사람이 피를 흘리면 반드시 피로써 그 원수를 갚게 되어 있었습니다.

도피성 제도의 현실적인 의미

당시의 이스라엘에는 경찰이나 재판소가 따로 없었습니다.

다만 각 도시의 장로들이 성문에 앉았다가 소송이 생기면 거기에 따른 판단을 했었던 시대입니다. 게다가 그들에게는 사람이 누구를 죽였으면 죽임당한 사람의 인척들이 그 죽인 사람을 죽일 수 있는 전통이 있었기 때문에 우발적인 사고로 사람을 죽인 사람들을 위한 보호 장치가 필요했습니다.

어떤 사람이 철 연장으로, 예를 들어 도끼로 나무를 팬다든지, 낫으로 무슨 일을 하다가 실수로 연장이 날아가서 다른 사람을 죽게 한 경우 이는 실수로 일어난 사고입니다.

또 하나의 예를 들면, 토끼를 잡으려고 돌을 던졌는데 그것이 그만 지나가던 사람의 머리를 정통으로 때려서 그가 죽었다면 어떻게 되겠습니까?

그들은 빨리 달려서 성문에 앉아 있는 장로들에게로 가면 되는

데, 거기까지 가기도 전에 먼저 죽은 사람의 인척이 달려들어서 그를 죽이면 꼼짝없이 죽게 되어 있습니다. 하나님은 살인한 자에 대해 최고형을 정하셨습니다.

"다른 사람의 피를 흘리면 그 사람의 피도 흘릴 것이니 이는 하나님이 자기 형상대로 사람을 지으셨음이니라."(창세기 9:6)

모세는 하나님의 이 법을 확고히 만들었습니다.

"사람을 쳐죽인 자는 반드시 죽일 것이나 만일 사람이 고의적으로 한 것이 아니라 나 하나님이 사람을 그의 손에 넘긴 것이면 내가 그를 위하여 한 곳을 정하리니 그 사람이 그리로 도망할 것이며 사람이 그의 이웃을 고의로 죽였으면 너는 그를 내 제단에서라도 잡아내려 죽일지니라."(출애굽기 21:12-14)

이렇게 갑작스런 사고로 사람을 죽인 자가 도피성으로 피하여 오면 레위인들은 그들에 대하여 판단을 해야 했습니다. 그래서 그가 고의가 아니라 실수로 사람을 죽인 것이 판명되어지면 그는 도피성에서 보호를 받을 수 있습니다. 그러나 그가 고의로 사람을 죽인 것이면 레위인들은 그를 찾는 사람들에게 넘겨 줍니다.

"그러나 만일 어떤 사람이 그의 이웃을 미워하여 엎드려 그를 기다리다가 일어나 상처를 입혀 죽게 하고 이 한 성읍으로 도피하면 그 본 성읍 장로들이 사람을 보내어 그를 거기서 잡아다가 보복자의 손에 넘겨 죽이게 할 것이라 네 눈이 그를 긍휼히 여기지 말고 무죄한 피를 흘린 죄를 이스라엘에서 제하라 그리하면 네게 복이 있으리라." (신명기 19:11-13)

만일 이 도망자가 도피성에서 나가면 죽임을 당할 수 있습니다.

그러면 이 사람은 그 도피성에 평생토록 숨어 살아야 할까요?

그렇지 않습니다. 대제사장이 죽으면 그는 자유하게 되어 자기의 성읍으로 돌아갈 수 있습니다. 하나님께서 이 도피성의 규례를 주신 것은 꼬리에 꼬리를 무는 앙갚음으로 인하여 더럽혀지는 것으로부터 이 나라를 구하시기 위해서였습니다(민수기 35:29-34).

도피성 제도가 가지고 있는 상징적 의미들

여섯 개의 도피성은 예수 그리스도의 아름다운 모형들입니다.

"이는 하나님이 거짓말을 하실 수 없는 이 두 가지 변하지 못할 사실로 말미암아 앞에 있는 소망을 얻으려고 피난처를 찾은 우리에게 큰 안위를 받게 하려 하심이라." (히브리서 6:18)

이 도피성들은 하나님에 의하여 지정되었습니다.

모든 사람이 죄를 범하였고, 죄의 삯은 사망입니다. 지난 번 불뱀과 놋뱀에 관하여 말씀을 나누면서 우리가 공부했습니다만 우리는 불뱀에 물린 채로 이 세상에 태어난 것입니다.

사람이 사망에 들어가기 위해서 무슨 일을 해야 되는 것이 아닙니다. 가만히만 있으면 죽게 됩니다. 마치 자신도 모르는 사이에 사람을 죽인 사람처럼 우리는 자신도 알지 못하는 사이에 사망이 기정사실화되어 버린 죄인으로 태어난 것입니다.

그래서 우리에겐 도피성이 필요합니다. 그러나 이 도피성은 인간에 의하여 만들어질 수 없습니다.

모세가 여섯 개의 성읍이 필요하다고 요청한 것도 아닙니다.

하나님께서 먼저 여섯 개의 성읍을 따로 구별해서 그 성들을 도피성으로 삼으라고 하셨습니다.

죄 가운데 빠진 인간에게 있어서 사람들이 만든 그 어떠한 이념이나 사상이나 조직들도 완전한 도피성이 되지 못합니다.

민주주의도 공산주의도 사람들의 완전한 도피성이 되지 못합니다. 인간들이 만든 교회 조직도 마찬가지입니다. 어느 교파의 헌법이나 장정도, 어느 교회의 철학도 완전한 도피성이 아닙니다.

그리스도밖에는 없습니다.

사람들에 의하여 임명되거나 지정된 도피성이 아니라, 그리스도는 전적인 하나님의 은혜의 역사로 지정되어진 우리의 완전한 도피성입니다.

"하나님이 세상을 이처럼 사랑하사 독생자를 주셨으니 이는 그를 믿는 자마다 멸망하지 않고 영생을 얻게 하려 하심이라."
(요한복음 3:16)

이 도피성들은 말씀을 통해서 공포되었습니다. 하나님의 말씀은 이 도피성들의 이름을 정확히 기록하고 있습니다.

"이에 그들이 납달리의 산지 갈릴리 게데스와 에브라임 산지의 세겜과 유다 산지의 기럇 아르바 곧 헤브론과 여리고 동쪽 요단 저쪽 르우벤 지파 중에서 평지 광야의 베셀과 갓 지파 중에서 길르앗 라못과 므낫세 지파 중에서 바산 골란을 구별하였으니."(여호수아 20:7-8)

이 성읍들은 바뀌지 않을 것입니다.

어느 날은 이 도시가 도피성이 되었다가 다른 날은 다른 곳으로 바뀌어서 그곳을 도피성으로 알고 도망온 사람이 죽임을 당하는 일이 없습니다. 이 성읍들은 대대로 이스라엘인들을 위한 도피성으로 남아 있게 됩니다.

우리 예수님도 마찬가지입니다.

어느 날은 우리를 받아 주시고, 다른 날은 우리를 받아 주지 않으시는 주님이 아니십니다. 어떤 때에는 예수님이 도피성이 되시고 다른 날에는 다른 사람이 도피성이 되는 것이 아닙니다. 영원히 예수님만이 우리의 도피성이 되십니다.

오늘날 이 세상에는 많은 종교들이 있어서 많은 사람들이 그것을 도피성으로 삼고자 합니다만 하나님께서 인간에게 제공해 주신 유일한 도피성은 예수님밖에 없습니다.

"다른 이로써는 구원을 받을 수 없나니 천하 사람 중에 구원을 받을 만한 다른 이름을 우리에게 주신 일이 없음이라 하였더라."(사도행전 4:12)

이 도피성들은 누구에게나 열려 있었습니다.

성지의 지도를 보면 이 여섯 개의 도시들이 약속의 땅 어디서든지 반나절이면 달려갈 수 있는 곳에 배치되어 있었습니다.

요단강 서편에는 북쪽에 산지 게데스와 에브라임 산지 세겜과 유다 산지의 기럇 아르바 혹은 헤브론이라고 불리는 곳이었으며, 요단 동편에는 평지 광야의 남쪽의 베셀과 중부지방의 길르앗 라못과 북쪽의 바산 골란이 있었습니다.

그러니까 누구든지 원하기만 하면 반나절 만에 이 도피성에 도착할 수 있었습니다.

이 도피성들은 대체로 산악지대에 위치해 있었는데 전해지는 이야기에 의하면 제사장들이 이 도피성들로 가는 길을 항상 잘 보수해 놓았으며, 또한 그곳으로 가는 이정표가 잘 배치되어 있어서 도망자들이 길을 잃지 않도록 배려했다고 합니다.

랍비들에 의하면 이 도시들의 성문은 항상 열려 있었답니다.

얼마나 아름다운 그리스도의 그림자입니까?

도피성으로 가는 길은 너무나 명확하고 깔끔하게 정리되어 있습니다.

아무도 '누가 우리의 구세주이신지'에 대해 방황할 필요가 없습니다. 또한 어떻게 그분에게로 가야 하는지도 방황할 필요가 없었습니다. 우리가 믿음으로 예수님께 가기만 하면 예수님은 아무도 그냥 돌려보내지 않으실 것이라고 성경이 선포하고 있기 때문입니다.

"아버지께서 내게 주시는 자는 다 내게로 올 것이요 내게 오는 자는 내가 결코 내쫓지 아니하리라."(요한복음 6:37)

그러나 여기서 우리가 한 가지 기억할 일은 도피성은 그곳에 오는 모든 사람을 일단 받아들이기는 했지만 그들을 재판했다고 하는 점입니다. 그래서 그 재판에서 탈락되면 그는 그를 죽이려는 사람들의 손에 넘겨졌다고 합니다.

하지만 우리에게 있어서는 재판이 없습니다. 예수님께서 이미 우리를 위하여 저주를 받으셨기 때문입니다. 이것이 구약의 성도들과 신약의 성도들의 차이점입니다.

이 일에 대하여 예수님께서 직접 말씀하십니다.

"그를 믿는 자는 심판을 받지 아니하는 것이요 믿지 아니하는 자는 하나님의 독생자의 이름을 믿지 아니하므로 벌써 심판을 받은 것이니라."(요한복음 3:18)

장로들은 오직 무죄한 사람들만을 받아들일 수 있었지만, 그리스도는 죄인 된 우리들을 받아 주십니다. 얼마나 놀라운 은혜입니까!

이 도피성들이 우리에게 보여 주는 또 하나는 그리스도와 도피성들의 차이점입니다.

이 도피성들은 사람들이 그곳에 있는 동안만 안전했습니다. 그러니까 그 성에서 나가면 죽임을 당할 수 있었습니다. 그러다가 제사장이 죽은 후에라야 그는 안전하게 자기 성읍으로 돌아갈 수 있었습니다. 이것이 우리의 구원이 상실될 수 있다는 것을 뜻하지는 않습니다.

우리는 모형들 위에 우리의 교리를 세우지 않습니다.

오히려 우리는 하나님의 말씀에 맞추어 모형들을 해석합니다.

사람들이 비유나 모형들을 무리하게 해석해서 성경에서 빗나가는 경우가 있습니다.

진실한 크리스천은 다시금 멸망에 빠질 수가 없습니다. 하지만 구원받은 신자가 '그리스도 안에 거하는 일'에서 넘어지는 경우, 그는 영적, 육적으로 위험에 처하게 됩니다.

하나님께서는 이런 위험들을 통해서 하나님의 자녀들을 깨우치게 하십니다. 구원받은 성도가 이런 위험 가운데 거하면서도 하나님께로 돌이키지 않으면 그는 계속 고난에 처해지게 됩니다.

조심스런 말씀입니다만, 어쩌면 그런 경우 하나님께서 그를 이 세상에서 데려가시는 것이 더 나을지도 모르겠습니다.

이 세상에서 위험에 빠지느니 차라리 빨리 천국에 들어가는 것이 낫기 때문입니다.

더구나 도피성에 피하는 사람들은 제사장이 죽어야 자유하게 되지만, 우리의 대제사장 예수 그리스도는 죽지 않습니다. 그분이 영원히 살아계시기 때문에 우리도 사는 것입니다.

이 도피성들의 이름들을 생각해 보는 것도 우리에게 예수 그리스도를 이해하는 데 큰 도움을 줍니다.

'게데스'의 뜻은 '의(Righteousness)'입니다.

우리의 첫 번째 필요가 바로 의입니다. 의가 아니고는 하나님께로 갈 수 없기 때문입니다. 예수님은 우리의 의가 되시며 우리의 모든 죄를 사해 주십니다(고린도후서 5:21; 골로새서 2:13).

'세겜'은 '어깨(Shoulder)'라는 뜻을 가지고 있습니다.

이는 우리 그리스도께서 우리의 모든 짐을 대신 져 주시고 우리에게 안식을 주심을 의미합니다. 교회에 나오는 모든 사람들이 묻는 질문이 "내가 뭘 할까요?"입니다. 그러나 예수님의 대답은 "내가 너를 지고 가겠다."입니다.

'헤브론'은 '사귐(Fellowship)'이라는 뜻을 가지고 있습니다.

우리는 그리스도 안에서 하나님과 사귐을 가질 수 있습니다. 또한 그리스도 안에 견고히 있을 때에만 우리는 다른 성도들과 아름다운 사귐을 지속할 수 있습니다.

'베셀'은 '요새, 산성(Fortress)'을 의미합니다.

우리는 그리스도 안에서만 완전한 보호와 승리를 얻을 수 있습니다. 이 세상에서 가장 안전한 곳은 우리 주님의 품속입니다. 우리가 주님께로 왔다면 우리는 그분의 품에서 안전한 보호와 승리를 경험하게 됩니다. 그러므로 자꾸 뛰쳐나가려 하지 마십시오.

'길르앗 라못'은 '고원(Heights)'이라는 의미입니다.

이것은 우리가 그리스도 안에서 하늘나라의 가장 높은 곳에 앉아 있음을 기억하게 해 줍니다(에베소서 2:4-10).

죄는 언제나 사람을 내려가게 합니다. 하지만 그리스도는 우리를 일으키시고 높여 주십니다. 어느 날 우리는 마침내 천사장의 나팔 소리와 함께 구름 속으로 이끌어 올려질 것입니다.

'골란'은 '완전함(Complete), 행복(Happiness)'을 의미합니다.

우리는 그리스도 안에서 완전합니다(골로새서 2:9-10).

실수로 사람을 죽여서 죽음에 직면하게 된 사람들에게 도피성으로 피하라는 요청이 떨어진 것을 잊지 마십시오.

그런 사람은 길에서 머물 수도 없고, 뒤돌아볼 겨를도 없습니다. 지체할 시간이 없습니다. 인간은 불뱀에 물린 채, 사망에 직면한 상태로 태어났습니다. 그리고 시간은 자꾸만 흐르고 있습니다. 게

다가 아무도 자신의 생명이 언제 끝날지 모르고 있습니다.

자꾸만 뒤로 미루지 마십시오. 우리에게 호흡이 있는 동안 우리가 할 일은 그분에게로 도망치는 일입니다. 예수님의 생명까지 주신 사랑의 초청을 거절하지 마십시오.

> "수고하고 무거운 짐 진 자들아 다 내게로 오라 내가 너희를 쉬게 하리라."(마태복음 11:28)

지금 예수님께서 당신 앞에 서 계십니다. 그분을 향해 달려가십시오. 어서 문을 두드리십시오.

바로 오늘이 당신의 구원의 날입니다.

생각해 봅시다!

1. 도피성 제도의 현실적인 의미는 무엇입니까?

2. 그리스도의 예표로서 도피성의 상징적 의미는 무엇입니까?

5

신 명 기

신명기의 구조(1)

명기에서 계속해서 강조되는 말씀이 있습니다.
그것은 '삼가라' 는 말씀입니다.

신명기 전체를 통해서 우리는 '삼가라' 는 말씀을 수없이 듣게 될 것입니다.

우리는 끊임없이 삼가 주의해야 합니다.

하나님의 말씀을 듣는 데 주의해야 하며, 그 말씀 지키는 데 주의해야 하며, 하나님께 순종하는 데 주의해야 하며, 우상을 없이하고 하나님만을 최고로 사랑하는 일에 주의해야 합니다.

우리는 신명기에서 처음으로 하나님께서 누군가를 사랑하신다고 하는 문자적인 표현을 보게 됩니다. 우리를 향하신 하나님의 사랑에 대한 우리의 반응, 그것은 '사랑과 순종' 이 되어야 합니다.

이것이 신명기의 주제입니다. 그래서 우리는 신명기를 'The

Book of Love and Obedience' 라고 부를 수 있을 것입니다.

우리는 신명기 1장을 통해서 신명기의 본질을 발견할 수 있습니다.

"이는 모세가 요단 저쪽 숩 맞은편의 아라바 광야 곧 바란과 도벨과 라반과 하세롯과 디사합 사이에서 이스라엘 무리에게 선포한 말씀이니라 호렙 산에서 세일 산을 지나 가데스 바네아까지 열 하룻길이었더라 마흔째 해 열한째 달 그 달 첫째 날에 모세가 이스라엘 자손에게 여호와께서 그들을 위하여 자기에게 주신 명령을 다 알렸으니 그 때는 모세가 헤스본에 거주하는 아모리 왕 시혼을 쳐죽이고 에드레이에서 아스다롯에 거주하는 바산 왕 옥을 쳐죽인 후라 모세가 요단 저쪽 모압 땅에서 이 율법을 설명하기 시작하였더라 일렀으되."(신명기 1:1-5)

이스라엘은 광야에서 40년간을 방황했습니다.

그들의 달력으로 원년 1월 15일에 애굽을 떠나서 지금 제40년 11월에 있습니다. 그러니까 광야에서 자그마치 40년 11개월을 방황한 것입니다.

그런데 이 길은 2절에 보니까 호렙산에서 가데스바네아까지 겨우 11일 길밖에 안 됩니다. 그런데 그 길에 이스라엘 백성들은 40년 이상을 소비했습니다.

그들은 그들의 원년 셋째 달에 호렙산에 진을 쳤습니다.

"이스라엘 자손이 애굽 땅을 떠난 지 삼 개월이 되던 날 그들이 시내 광야에 이르니라."(출애굽기 19:1)

그리고 그들이 호렙산을 떠나 출발을 한 것은 제2년, 그러니까 둘째 해의 둘째 달이었습니다.

"둘째 해 둘째 달 스무날에 구름이 증거의 성막에서 떠오르매."(민수기 10:11)

물론 그들이 애굽에서 나와서 시내산까지 가서 그곳에 1년여를 머물면서, 그러니까 모두 2년여의 기간을 소요하면서 하나님의 계명을 듣는 일은 필요한 일이었습니다. 하지만 거기서 가데스바네아를 통해서 가나안에 들어가는 일은 11일이면 충분했습니다. 그러나 그들은 가데스바네아에서 가나안에 들어가는 데 실패했기 때문에 38년을 광야에서 방황해야만 했습니다.

이제 그들은 천신만고 끝에 요단 건너편에 다시금 당도했습니다. 전에는 가나안의 남쪽 국경에서 가나안 입성에 실패했었는데, 지금 그들은 가나안의 동쪽 국경에 당도해 있는 것입니다. 여기서 또 실패해서는 안 되었습니다.

모세는 여기서 비장한 마음으로 그들 조상들의 광야 여정을 되짚어 교훈을 주면서 그들이 삼가 주의하여 약속의 땅에 들어갈 것과, 또한 그곳에 들어간 후에 하나님을 사랑하고 순종하여 그 약속의 기업을 지킬 것을 가르치고 있습니다. 이것이 신명기입니다. 그러니까 신명기는 모세의 마지막 설교입니다.

우리는 이 신명기를 네 부분으로 나눌 수 있습니다.

1. 광야 여정의 재조명(신명기 1-4 장)

이스라엘이 애굽에서 나온 지 40년 만에 이스라엘은 요단 강 건너편 모압 평야에 와 있습니다. 이곳에서 하나님께서는 모세를 통해 신명기의 말씀들을 선포하게 하신 것입니다. 모세는 먼저 1-4장의 말씀에서 지난 광야 생활을 재조명해 줍니다. 애굽에서는 나왔지만 가나안 땅에 들어가지 못한 광야에서의 생활은 구원은 받았으나 완전히 하나님께 헌신되지 못한 삶이 가진 아픔을 선명하게 보여 줍니다.

2. 율법의 복습(사랑과 순종: 민수기 5-26장)

신명기는 단순한 율법의 반복이 아니라, 그 율법의 의미를 더 깊이 해석해서 가르치는 책입니다. 그래서 신명기의 제목이 '율법을 펼친다' 라는 의미이며, 헬라어로 '두 번째(듀테로)' 와 '율법(노미온)' 이 합해서 되어졌고, 여기에서 영어로 Deuteronomy 가 된 것입니다. 그러니까 신명기는 '두 번째 율법' 입니다.

첫 번째 율법은 출애굽기 20장에서 선포된 시내산에서의 율법이었고, 신명기는 두 번째 율법입니다.

출애굽기에서 선포된 율법은 본질적으로 하나님에 대한 두려움과 공포에서 선포된 것입니다.

출애굽기 19장을 보면 이스라엘 백성들은 시내 광야에서 갑자기 대낮에 캄캄한 어두움이 사방을 두르고 빽빽한 구름 가운데서 천둥 번개와 함께 나팔 소리 같은 하나님의 음성이 들려오자 완전히 겁에 질려서 모세에게 "당신이 우리를 대신해서 하나님께 나아가 하나님의 음성을 듣고 하나님을 대신해서 우리에게 이야기해 주세요. 우리는 하나님의 말씀을 직접 듣는 것이 너무 무서워서 죽겠습니다. 당신이 하나님의 말씀을 듣고 와서 우리에게 전하면 우리는 무조건 순종하겠습니다."라고 했습니다.

이스라엘 백성들은 그저 두려움과 공포에 사로잡혀서 하나님께서 무엇이라고 하실는지 들어 보지도 않고 무조건 순종하겠다고 한 것입니다.

그러니까 첫 번째 율법은 두려움과 공포 가운데서 선포되었습니다.

하지만 무서워서 순종하는 것은 그리 오래가지 못합니다. 겁에 질리는 것도 자꾸 하다 보면 나중엔 간이 붓게 됩니다. 그래서 이 신명기에서 모세는 율법의 본질이 '우리를 사랑하시는 하나님께 대한 사랑과 순종'을 가르치는 것임을 강조하고 있습니다.

그렇습니다. 무서워서 순종하는 것은 순종이 아닙니다. 사랑하기 때문에 그분을 기쁘시게 하기 위하여 순종하는 것, 그것이 하나님을 향한 성도의 사랑의 본질입니다.

그래서 신명기는 구약에 있으면서도 마치 신약의 복음서와 같은 맛을 줍니다.

예수님도 신명기를 가장 사랑하셨던 것 같습니다. 왜냐하면 신약 성경에서 예수님이 인용하신 구약의 말씀들 가운데 신명기가 가장 많았습니다. 특별히 사역의 초기에 마귀에게 시험을 받으실 때에도 세 번 다 신명기의 말씀으로 마귀를 대적하셨습니다.

그래서 이 신명기는 더욱 중요한 말씀입니다.

우리는 이 5-26장까지의 부분을 다시금 세 부분으로 나눌 수 있습니다.

A. 십계명의 반복과 해석(5-7장)

B. 신앙적, 국가적 규칙들(8-21장)

C. 가정과 개인의 삶의 규칙들(22-26장)

3. 약속의 땅에서의 미래(축복과 저주들: 신명기 27-30장)

신명기의 약속들은 언제나 "나를 사랑하고 내 말씀을 순종하면..."이라는 전제를 담고 있습니다. 이스라엘 백성들의 앞길에는 축복과 저주가 동시에 기다리고 있었습니다. 선택은 이스라엘 백성들의 것이었습니다. 하나님을 사랑하고 말씀에 순종하면 축복이 올 것입니다. 그러나 하나님을 저버리고 우상을 숭배하고 죄악을 행하면 저주가 다가올 것입니다.

4. 모세의 고별 설교(신명기 31-34장)

모세가 가나안에 들어가지 못했다는 것은 대단히 중요한 상징적 교훈을 줍니다. 애굽에서 나왔지만 가나안에 들어가지 못하고 광야에서 죽은 광야 생활의 1세대 중에서는 오직 여호수아와 갈렙만이 가나안에 들어갈 수 있었습니다. 모세가 율법의 대표라면, 여호수아는 예수님의 그림자입니다. 율법은 우리를 영원한 영적 축복 가운데로 이끌어가지 못합니다. 오직 예수님만이 우리를 그 축복 가운데로 이끌어 가실 수 있습니다. 이제 모세는 가나안이 바라다 보이는 느보산 기슭으로 올라갑니다. 그는 이스라엘 백성들이 여호수아의 지도 아래에서 순종하며 반드시 약속의 땅에 정착하기를 소원하고 있습니다.

신명기 1장은 우리들에게 이스라엘 백성들의 광야 생활 자체가 '불순종으로 인한 광야의 방랑'이었음을 보여 줍니다.

신명기 1장 6절을 보면, "우리 하나님 여호와께서 호렙산에서 우리에게 말씀하여 이르시기를 너희가 이 산에 거한 지 오래니." 라고 되어 있습니다. 너희가 여기 거한 지 너무 오래되었다는 것입니다.

혹시 이것이 우리에게 하시는 말씀이 아닐까요?

우리가 혹시 잠시 지나가야 할 자리에 너무 오래 머물고 있는 것은 아닙니까? 하나님은 우리에게 빨리 일어나 가라고 하십니다. 어서 가서 약속된 축복을 차지하라는 것입니다.

> "방향을 돌려 행진하여 아모리 족속의 산지로 가고 그 근방 곳곳으로 가고 아라바와 산지와 평지와 네겝과 해변과 가나안 족속의 땅과 레바논과 큰 강 유브라데까지 가라 내가 너희의 조상 아브라함과 이삭과 야곱에게 맹세하여 그들과 그들의 후손에게 주리라 한 땅이 너희 앞에 있으니 들어가서 그 땅을 차지할지니라."(신명기 1:7-8)

보십시오. 이것이 하나님의 소원입니다. 어서 일어나서 약속된 축복을 향하여 가십시오. 머물지 마십시오.

그런데 문제가 시작됩니다.

> "그 때에 내가 너희에게 말하여 이르기를 나는 홀로 너희의

짐을 질 수 없도다."(신명기 1:9)

여기서 모세는 70인의 장로와 유사들을 세워서 백성들의 송사를 듣게 하고 작은 문제의 재판을 담당하게 했었지요? 중요한 문제나 판결이 어려운 문제는 모세에게 직접 와서 재판을 받도록 함으로써 책임을 분담토록 했습니다.

"너희의 하나님 여호와께서 너희를 번성하게 하셨으므로 너희가 오늘날 하늘의 별 같이 많거니와 너희 조상의 하나님 여호와께서 너희를 현재보다 천 배나 많게 하시며 너희에게 허락하신 것과 같이 너희에게 복 주시기를 원하노라 그런즉 나 홀로 어찌 능히 너희의 괴로운 일과 너희의 힘겨운 일과 너희의 다투는 일을 담당할 수 있으랴 너희의 각 지파에서 지혜와 지식이 있는 인정 받는 자들을 택하라 내가 그들을 세워 너희 수령을 삼으리라 한즉 너희가 내게 대답하여 이르기를 당신의 말씀대로 하는 것이 좋다 하기에 내가 너희 지파의 수령으로 지혜가 있고 인정 받는 자들을 취하여 너희의 수령을 삼되 곧 각 지파를 따라 천부장과 백부장과 오십부장과 십부장과 조장을 삼고."(신명기 1:10-15))

모세는 출애굽기 18장에서 우리가 배웠던 말씀을 회상하고 있습니다. 우리는 이것이 모세의 실수였다고 봅니다. 왜냐하면 하나님께서 허락은 하셨지만 이것이 하나님의 뜻은 아니었습니다.

모세의 실수는 자신이 혼자서 무거운 짐을 지고 있다고 생각한

데 있었습니다.

사실은 주님께서 이 짐들을 지고 가십니다.

사실상 모세가 처음 호렙산에서 하나님을 만났을 때 자기 혼자서는 할 수 없다고 하여 아론이 자기 곁에 붙게 된 것도 일종의 실수였습니다.

어쨌든 모세는 70명으로 구성된 지도자들의 회의를 구성했습니다. 나중에 이 모임이 이스라엘의 국회에 해당하는 산헤드린 공회로 발전하게 됐습니다. 그리고 이 산헤드린 공회는 예수 그리스도를 십자가에 못 박는 일을 결정하게 됩니다. 뿐만 아니라 예수님을 따르던 수많은 훌륭한 제자들과 사도들을 핍박하는 기관이 됩니다.

우리는 자신에게 주어진 사명을 감당하는 일에 결코 우리 혼자가 아니라 하나님께서 함께하심을 믿어야 합니다.

그리고 호렙산을 출발하는 모세의 마음은 어땠을까요?

아마 "이제는 나를 돕는 70명의 위원회를 가지고 있으니 참으로 든든하겠구나." 하는 생각을 했을 것입니다. 그러나 모세의 회상이 이어집니다. 그 결과가 어떻게 진행되는지 보십시오.

"우리 하나님 여호와께서 우리에게 명령하신 대로 우리가 호렙 산을 떠나 너희가 보았던 그 크고 두려운 광야를 지나 아모리 족속의 산지 길로 가데스 바네아에 이른 때에 내가 너희에게 이르기를 우리 하나님 여호와께서 우리에게 주신 아모리

족속의 산지에 너희가 이르렀나니." (신명기 1:19-20)

즉, 그들은 별 어려움 없이 애굽 북부와 가나안의 국경지대인 가데스바네아에 이른 것입니다. 그러나 여기서 문제가 있었습니다.

"너희의 하나님 여호와께서 이 땅을 너희 앞에 두셨은즉 너희 조상의 하나님 여호와께서 너희에게 이르신 대로 올라가서 차지하라 두려워하지 말라 주저하지 말라 한즉." (신명기 1:21)

모세의 믿음의 선포를 보십시오.

'올라가서 얻으라(Go up! And take the Land!).'

얼마나 간단합니까? 이것이 믿음으로 행하는 일입니다.

그러나 여기서 모세는 모세 자신이 만든 위원회의 반대에 부딪힙니다.

우리가 민수기에서 보지 못했던 말씀이 여기 나옵니다.

민수기 13장 1-2절에서는 단순히 하나님께서 백성들에게 정탐꾼들을 뽑아 보내라고 하셨다고 기록했습니다마는, 신명기에서 이것은 백성들의 고집 때문에 하나님께서 그냥 허락하신 일이라는 것을 말해 주고 있습니다.

위원회를 구성하는 데 재미를 붙인 그들은 또 하나의 위원회를 구성하자고 제안을 합니다. 이것은 정탐꾼들의 12인 위원회입니다.

나중에 그들이 어떤 결정을 내리는지 보십시오.

그들은 모두 가나안이 축복된 땅이라는 사실에 대하여 의견의 일치를 보았습니다. 하지만 열둘 가운데 여호수아와 갈렙을 제외한 열 명은 여기에 부정적인 보고를 하나 더 보탰습니다.

"그 땅 사람들은 아낙 자손의 후손들로서 거인족속들이므로 우리는 그들 앞에서 메뚜기와 같다.(민수기 13:33)"는 것입니다. 이 보고를 들은 이스라엘 백성들은 참담하게 용기가 저하되었습니다.

이들이 가나안 족속들과 자신들을 비교한 것이 실수였다고 했습니다. 그들은 그들 혼자가 아니라, 하나님께서 함께하시는 백성들이었습니다. 사실상 그 당시 벌써 가나안 족속들은 이스라엘 백성들을 인하여 떨고 있었다고 나중에 기생 라합이 고백합니다.

물론 우리 앞에도 거인들이 있습니다. 그러나 우리의 대장은 여호와 하나님이십니다. 그는 우리 앞에 있는 어떠한 거인족들도 멸하십니다.

"그러나 너희가 올라가기를 원하지 아니하고 너희의 하나님 여호와의 명령을 거역하여
장막 중에서 원망하여 이르기를 여호와께서 우리를 미워하시므로 아모리 족속의 손에 넘겨 멸하시려고 우리를 애굽 땅에서 인도하여 내셨도다."(신명기 1:26-27)

여기서 원망의 극치가 나옵니다.

'여호와께서 우리를 미워하셨다.'는 것입니다.

많은 경우에 우리 성도들도 삶의 어려움에 대하여 불평을 하다 보면 근본적으로 하나님께서 나를 사랑하시지 않는다는 생각을

갖게 됩니다. 이것은 참으로 하나님을 진노하시게 하는 가장 참람한 불평입니다. 또한 이것은 사탄의 가장 고전적인 전술입니다.

사탄이 만일 우리의 마음속에 하나님께서 우리를 사랑하지 않으신다는 믿음을 불어넣을 수만 있다면 성공한 것입니다.

하나님께서 얼마나 그들을 사랑하셨습니까?

하나님께서는 그들을 독수리 날개로 업어서처럼 애굽에서 나오게 하셨습니다.

그들을 해방시키시기 위하여 그들을 노예 삼고 있는 애굽인들에게 열 가지 재앙을 내리시고 그들을 구출하셨습니다.

그들이 할 수 있는 일은 아버지 하나님을 신뢰하는 일입니다.

저 높은 창공에서 새끼를 떨어뜨리더라도 어미 독수리는 절대로 실수를 하지 않을 것입니다. 그 새끼가 뾰족한 바위 위에 떨어지기 직전에 어미 독수리는 그 넓은 날개를 펼치고 쏜살같이 내려와서 새끼를 받아 줍니다.

때로 하나님께서는 우리를 단련시키시고 성숙시키시기 위하여 독수리처럼 우리를 훈련시키십니다. 출애굽의 행로에서 때때로 이스라엘 백성들이 만나던 어려움이 이런 의미를 갖고 있습니다. 그러나 하나님께서는 실수하지 않으십니다. 이 모든 것이 그들을 향하신 하나님의 사랑의 표현입니다.

욥을 보십시오. 그는 참으로 극심한 시험을 받았습니다.

그러나 그의 입술의 고백은 무엇이었습니까?

"욥이 일어나 겉옷을 찢고 머리털을 밀고 땅에 엎드려 예배하며 이르되 내가 모태에서 알몸으로 나왔사온즉 또한 알몸이 그리로 돌아가올지라 주신 이도 여호와시요 거두신 이도 여호와시오니 여호와의 이름이 찬송을 받으실지니이다 하고 이 모든 일에 욥이 범죄하지 아니하고 하나님을 향하여 원망하지 아니하니라."(욥기 1:20-22)

이것이 믿음입니다. 하나님의 사랑을 믿는 것입니다. 어리석게 원망하지 마십시오. 하나님께서는 당신을 사랑하십니다.

생각해 봅시다!

1. 신명기에서 계속해서 강조되는 말씀은 무엇입니까?

2. 신명기는 (   )의 마지막 설교입니다.

신명기의 구조(2)

지난 장에서 우리는 광야에서 이스라엘 백성들이 자신들을 향한 하나님의 사랑을 신뢰하는 데 실패했다는 것까지 이야기를 나누었습니다.

하나님께서 이스라엘 백성들에게 왜 신명기라는 책을 주시는가에 대한 하나님 자신의 설명입니다.

신명기는 아마도 신약 성경에서 가장 많이 인용된 구약의 책 중 하나일 것입니다. 예수님의 말씀 가운데 가장 많이 인용된 구약의 성경은 단연 신명기입니다. 그래서 저는 예수님께서 신명기를 아주 좋아하셨다고 믿고 있습니다. 예수님께서 공생애의 사역을 시작시면서 때 광야에 나가 40일간 금식하시고 마귀에게 시험을 받으실 때에, 마귀의 모든 도전을 물리치신 성경말씀이 모두 신명기에서 인용된 말씀들이었습니다.

많은 분들이 신명기라는 책의 제목을 오해하고 있는 것 같습니다.

아마 상당히 많은 분들이 신명기를 한문으로 당연히 神命記일 것이라고 생각하고 있습니다.

'하나님의 계명의 기록' 이라는 의미로 받아들이는 것이지요. 하지만 신명기는 한문으로 申命記입니다.

여기서 '신' 자는 '펼칠 신(申)' 즉 '펼친다, 해석한다' 라는 의미를 가지고 있습니다. 쉽게 이야기해서 신명기라는 책의 제목은 문자적으로 '율법을 재해석한 책' 이라는 의미를 가지고 있습니다.

영어 성경에서는 신명기를 'Deuteronomy' 라고 부릅니다.

이 영어 성경에서의 제목은 70인역 헬라어 성경(Septuagint)의 제목을 그대로 음역한 것입니다. 이 단어는 두 개의 헬라어 단어, 즉 듀테로(Deutero)와 노미온(Nomion)을 합해 놓은 단어였습니다.

여기서 듀테로(Deutero)는 두 번째(the Second)라는 의미를 가지고 있고, 노미온(Nomion)은 율법(the Law)이라는 의미를 가지고 있습니다. 그러니까 이 신명기라는 책의 제목은 '두 번째 율법(the Second Law)' 이라는 의미가 됩니다.

이제 신명기라는 책의 제목이 단순히 '하나님의 계명' 의 기록이 아니라, '두 번째 율법' 혹은 '율법의 재해석' 이라는 의미를 가지고 있다는 것을 아시겠지요?

이것을 아는 것이 굉장히 중요합니다.

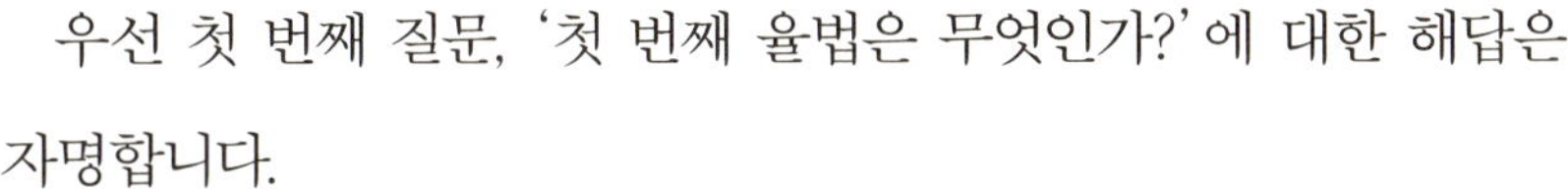

그렇다면 이제 질문이 따를 것입니다.

신명기가 두 번째 율법이라면, 첫 번째 율법은 과연 무엇이었느냐입니다.

그리고 이어서 하나님은 왜 율법을 한 번 주셨으면 됐지 두 번씩이나 율법을 재차 선포하셔야 했느냐는 질문이 따르게 될 것입니다.

우선 첫 번째 질문, '첫 번째 율법은 무엇인가?'에 대한 해답은 자명합니다.

출애굽기 20장 이하에 선포되었던 소위 십계명을 중심으로 한 율법이 첫 번째 율법이었습니다.

이 율법의 계명들은 하나님의 백성으로서 이스라엘 백성들이 어떻게 살아야 하는가를 담고 있었습니다. 이스라엘 백성들이 애굽에서 나오자 하나님께서는 그들을 약속의 땅 가나안이 아닌 저 시내 광야로 먼저 데려가셨습니다.

그곳에서 하나님께서는 이스라엘 백성들에게 먼저 율법을 선포하셨습니다. 하지만 이스라엘 백성들은 이 첫 번째 선포된 율법을 제대로 받아들이지 못했습니다.

당연히 그 율법을 지키는 데도 실패했습니다. 그 실패의 가장 큰 요인이 무엇이었는가, 이것이 가장 중요한 질문입니다.

왜 광야에 나온 첫 번째 세대는 완전히 실패하고 광야에서 다 죽었어야 했습니까?

여기서 잠시 출애굽기 19장으로 돌아가 보겠습니다.

이스라엘은 감격적인 출애굽을 한 뒤 믹돌과 비하히롯 사이의 홍해 바닷가에서 독 안에 든 쥐가 되었습니다.

앞에는 바다가 있고, 뒤에는 애굽 군대가 쫓고 있으며, 양쪽은 믹돌과 비하히롯이라는 산이 가로막고 있어서 그야말로 진퇴유곡이 되어 버렸습니다. 하지만 잘 아는 대로 하나님께서는 이스라엘 백성들 앞에서 홍해 바다를 갈라 주셨고 그들은 바다를 육지처럼 건넜습니다.

"바다가 육지라면, 바다가 육지라면……." 이라고 노래하고 있던 이스라엘 백성들 앞에서 정말 바다가 육지가 되어 버린 사건이 벌어진 것입니다. 그래서 이스라엘이 홍해를 육지처럼 건넌 후에 그들을 뒤따르던 애굽 군대는 다시 홍해가 합쳐짐으로써 완전히 수장되고 말았습니다.

어떤 이들은 이스라엘이 건넌 홍해가 그리 깊은 바다가 아니고 무릎까지밖에 오지 않는 얕은 갈대 늪이었다고 말합니다. 하지만 그렇다면 그것은 더욱 큰 기적입니다. 무릎 깊이밖에 안 되는 바다에 바로 왕의 모든 군대와 그들의 말들이 다 빠져 죽었으니 얼마나 놀라운 기적입니까?

저는 왜 사람들이 성경말씀을 자신의 그 작은 사고 속에 맞추려 하는지 이해하기 어렵습니다.

어떻든 홍해 건너편에서 이스라엘은 미리암과 모세의 인도에 따라 멋진 승리의 찬양을 불렀습니다. 하지만 이스라엘 백성들은 이 감격을 그리 오래 간직하지 못했습니다. 곧 마라의 쓴 물을 만나자 다시 불평을 하고 원망을 했습니다.

다시 하나님께서 마라의 쓴 물을 달게 해 주셨습니다. 그들은 다시 엘림에서 오아시스를 맛보고 이제 시내 광야에 도착하게 됩니다.

바로 이때, 하나님께서는 갑자기 이스라엘 백성들 앞에 직접 나타나셨습니다. 갑자기 맑은 하늘이 먹구름으로 뒤덮이면서 캄캄함이 온 천지를 뒤덮었습니다.

그 빽빽한 구름 사이에서 번개가 치고, 우레가 나면서 갑자기 나팔 소리 같은 하나님의 음성이 들려옵니다.

출애굽기 19장 16-19절을 참고하십시오.

"나는 너희를 애굽에서 이곳까지 인도해 온 너희의 하나님이다."

그 광경을 상상해 보십시오. 이스라엘 백성들은 갑자기 두려움에 사로잡혔고, 어쩔 줄 몰랐습니다. 그들은 모세에게 나아와 간청했습니다.

"모세여. 우리는 하나님이 무서워 죽겠습니다. 하나님께서 직접 우리에게 임하셔서 직접 우리에게 말씀하시는 것을 우리는 도저히 감당할 수가 없습니다. 제발 하나님으로 하여금 우리에게 직접 말씀하시지 않게 해 주세요. 당신이 우리를 대신해서 하나님께로 나아가 하나님의 말씀을 듣고 하나님을 대신해서 우리에게 와서 그 말씀을 전해 주세요. 그러면 우리는 그 말씀을 무조건 순종하겠습니다."

그래서 모세가 이스라엘 백성들을 대신해서 하나님께로 나아간 것입니다.

자, 여기에 아주 중요한 포인트가 있습니다.

이스라엘 백성들이 첫 번째 율법을 받을 때에, 그들은 하나님에 대한 두려움과 공포에 사로잡혀 있었습니다. 그래서 그들은 하나님께서 무슨 말씀을 하실지 들어 보지도 않고, 그 이면에 담긴 의미들을 배워 보지도 못한 채, "다만 선포만 하시면 무조건 순종하겠습니다."라는 약속을 해 버린 것입니다.

결국 하나님은 그들에게 계명들을 선포하셨고, 두려움과 공포 가운데서 이스라엘 백성들은 하나님의 백성으로서의 삶을 시작한 것입니다.

하나님께서 왜 그들에게 그런 명령들을 주셨는지, 하나님의 의도가 무엇이었는지 그런 것을 자세히 배울 생각도 못하고 다만 안 지키면 죽음이라는 두려움 때문에 그들은 그 율법을 지키기 시작한 것입니다.

그러니 그 율법이 그들에게 얼마나 짐스러운 것이 되었겠습니까?

그들은 하나님을 항상 무서운 눈을 부릅뜨시고 그들이 율법을 지키지 않는지 살펴보시다가 그들이 조금이라도 실수를 하면 바로 형벌과 저주를 내리시는 그런 하나님으로 생각하기 시작했습니다.

하지만 이것을 아십니까? 두려움과 공포도 자꾸 반복적으로 당하다 보면 그것에 대해 간이 붓는다는 것을!

옛날 창경원에 '청룡열차'라는 것이 있었습니다. 저는 그것이 굉장히 무서웠었습니다. 하지만 나중에 서울대공원에 공포의 공중회전을 두 차례나 하고, 옆으로 비틀며 도는 것을 세 차례나 하는 롤러코스터가 나왔을 때, "왜 저런 것을 타지?" 하는 생각을 하기 시작했습니다.

저는 그때부터 롤러코스터를 못 탔습니다. 미국에서 '매직 마운틴'이라는 놀이공원(theme park)을 교회 아이들과 함께 갔는데 저는 아이들이 롤러코스터를 타는 걸 쳐다보는 것만으로도 이미 질려 버렸습니다. 저는 속으로 말했습니다.

"요즘 아이들은 간이 부었구나!"

처음엔 엄청난 공포로 받아들였던 것도 자꾸 반복하다 보면 나중엔 별로 무섭지가 않습니다. 이것이 이스라엘 백성들의 광야 1세대가 실패했던 원인이었습니다. 죄짓고, 매맞고. 회개하고, 다시 용서 받고……. 이런 삶을 수없이 반복하다 보니 그만 그것이 일종의 패턴이 되고 말았습니다. 결국 그들은 광야에서 성공과 실패, 회복과 넘어짐, 상승과 침체를 덧없이 반복하면서 지도상으로 손바닥만해 보이는 작은 광야에서 뱅글뱅글 돌다가 그 광야에서 그만 삶을 마감하고 말 것입니다.

불행한 일은 오늘날 교회 속에 있는 성도들 가운데 참으로 많은 분들이 이들처럼 신앙생활을 하고 있다는 것입니다.

너무나 많은 사람들이 하나님의 말씀을 배우지 않습니다. 하나님의 말씀은 다만 선포되고 성도들은 그 말씀에 무조건 "아멘!" 하고 그냥 지켜야 하는 것으로 받아들입니다. 이유도 모르고 하나님의 말씀은 무조건 복종해야 하는 것이라고 믿으면서 그 말씀에 복종하는 일에서 실패할 때 하나님은 항상 무서운 벌을 내리시는 분이라고 생각하면서 신앙생활을 하고 있습니다.

그러니까 일주일에 몇 시간, 오직 예배 드리는 시간만 하나님의 자녀인 파트타임 성도가 되어 버리고 맙니다. 삶에서 하나님을 정말 속상하시게 하고, 매 맞고, 회개하고, 회복하고……. 이런 삶을 반복하면서 조금도 자라지 않는 신앙입니다. 그래서 툭하면 삐치고, 상처 받고, 이 교회 저 교회를 전전하면서 결국 뒤돌아 보면 수년이 지난 후 다시 그 자리에 돌아와 있습니다. 그야말로 손바닥만한 광야에서 다람쥐 쳇바퀴 돌듯 뱅글뱅글 방황하면서 살다가 아무런 성취도 도약도 없이 그렇게 덧없이 세상을 떠나게 됩니다.

지금 하나님께 신명기를 받는 세대는 광야생활 2세들이었습니다.

이제 그들은 모압 평야에 진치고 있습니다. 요단강만 건너면 그들의 조상들이 꿈에도 그리던 가나안, 약속의 땅에 당도하게 됩니다. 이들은 첫 번째 율법을 직접 받지 못한 세대였습니다.

그래서 하나님께서는 이들이 약속의 땅에 들어가기 전에 다시 율법을 가르쳐야 했습니다.

그러나 이번엔 1세대들처럼 율법에 접근하게 하고 싶지 않으셨습니다. 하나님께서는 율법의 조항들보다 그 율법을 주시는 이유를 먼저 가르치고자 하셨습니다. 그리고 율법의 조항들보다 그 율법을 지켰을 때 그들에게 어떤 아름다운 삶이 오는지를 설명하셨습니다. 그 율법대로 살지 않을 때 어떤 삶의 비극이 다가올 수밖에 없는지 그 원리를 설명해 주려 하셨습니다.

첫 번째 계명의 경우는 잔뜩 겁에 질려 있던 이스라엘 백성들에게 다짜고짜 "이것은 해라! 이것은 하지 말아라!" 하는 식의 율법이 선포되었습니다.

하지만 하나님께서는 신명기의 시작 부분에서 1세대들의 실패의 원인이 하나님의 사랑을 신뢰하지 못했기 때문이라는 것을 분명히 지적하시면서 율법이 선포되기 전, 그 율법의 최고의 원리가 무엇인지를 먼저 가르쳐 주신 것입니다. 이것이 소위 쉐마(the Great Shema), 즉 오늘날까지도 이스라엘 백성들이 '가장 크고 첫째 되는 계명'이라고 받아들이고 있는 말씀입니다.

"이스라엘아 들으라 우리 하나님 여호와는 오직 유일한 여호와이시니 너는 마음을 다하고 뜻을 다하고 힘을 다하여 네 하나님 여호와를 사랑하라."(신명기 6:4-5)

하나님께서는 이스라엘 백성들에게 이 말씀을 외우라고 하셨습니다. 그리고 손가락에 매고 미간에 새기라고 하셨습니다. 하나님께서 정말로 손가락에 매고 다니고 미간에 붙이고 다니라고 하신 말씀일까요? '외우고 생활화하라'는 것입니다.

그러나 이스라엘 백성들은 이 말씀을 작은 종이에 써서 작은 나무 상자에 넣어 정말로 이마에 붙이고 다녔습니다. 그러나 그 말씀을 기억하지 않았습니다. 이것이 참으로 지겨운 종교인들의 삶입니다. 십자가를 귀에도 걸고, 목에도 걸고, 반지에도 새기고, 거실에도 붙이고, 가게에도 붙여 놓고……. 그런데 그 십자가에서 나를 대신해서 죽으신 예수님은 기억하지 않습니다. 다만 그것이 어떤 주술적인 의미를 가지고 있어서 내게 무조건 복을 줄 것이라고 믿고 있을 뿐입니다.

하나님께서는 왜 그들에게 우상을 숭배하지 말라고 하시는지, 왜 안식일을 지키라고 하시는지, 왜 서로 사랑하면서 살라고 하시는지 그 근본 원인을 이 구절에 함축시켜서 가르쳐 주신 것입니다. 그것은 바로 사랑입니다.

두려움과 공포 때문에 억지로 하는 것이 아니라, 사랑하기 때문에 하는 것, 그것이 참 자유함과 은혜가 있는 신앙인 것입니다. 하나님께서는 우리에게 "나와 함께 사랑을 나누자. 나와 참으로 의미 있는 사귐을 시작하자."고 요청하십니다.

참으로 하나님과 사랑에 빠져 있습니까?

아니면 종교인으로 굳어져 가고 있습니까?

성경을 얼마나 배우고 있습니까?

또 얼마나 그것을 묵상하면서 매일 하나님께서 내 마음에 직접 말씀하실 기회를 드리고 있습니까?

그런 의미 있는 사귐이 없는 사람은 종교인일 뿐입니다.

사랑에 빠진 젊은 연인들을 보십시오.

어느 날 빨간색을 죽도록 싫어하던 여인이 갑자기 빨간색 스웨터를 입고 나타났습니다.

그래서 사람들이 다 놀라서 묻습니다.

"아니, 너 빨간색은 정말 지긋지긋하게 싫어하잖아?"

대답이 돌아옵니다.

"응, 하지만 그이가 빨간색을 좋아하거든."

아주 단순하지만 확실합니다. 그것이 사랑입니다.

의미도 모른 채 어떤 규칙을 준수하고, 율법과 전통을 지킴으로써 하나님의 사랑을 받아 보려는 종교인의 삶은 불쌍합니다.

그들에게 종교는 항상 무거운 짐이고, 겨우 벌을 면해 보려는 몸부림일 뿐입니다.

하나님과 사랑에 빠져 보십시오.

그 가장 영적이면서 가장 인간적인, 하나님께서 인생을 지으신 그 본연의 의미였던 하나님과의 사랑에 흠뻑 젖어서 살아가는 행복을 체험해 보십시오.

그것은 지독한 가난이라도 빼앗아 갈 수 없는 행복입니다. 삶의 처절한 실패도 절대 빼앗아 갈 수 없는 행복입니다. 하늘 높이 솟구쳤다 이내 곤두박질치는 태풍 속의 쪽배 안에서도 태평하게 주무실 수 있으셨던 우리 예수님의 평안의 의미를 기억하십시오.

신명기는 바로 율법의 의미를 재해석해 준 '사랑과 순종의 책(the Book of Love and Obedience)' 입니다.

생각해 봅시다!

1. 신명기라는 책의 제목은 무엇을 의미합니까?

2. 하나님께서 율법을 주시는 이유를 아는 것이 왜 중요합니까?

신명기의 예수님(1)

명기는 오실 예수님에 대하여 아주 선명한 두 가지 예언을 들려 주고 있습니다.

첫 번째는 신명기 18장 15-19절입니다.

"네 하나님 여호와께서 너희 가운데 네 형제 중에서 너를 위하여 나와 같은 선지자 하나를 일으키시리니 너희는 그의 말을 들을지니라 이것이 곧 네가 총회의 날에 호렙 산에서 네 하나님 여호와께 구한 것이라 곧 네가 말하기를 내가 다시는 내 하나님 여호와의 음성을 듣지 않게 하시고 다시는 이 큰 불을 보지 않게 하소서 두렵건대 내가 죽을까 하나이다 하매 여호와께서 내게 이르시되 그들의 말이 옳도다 내가 그들의 형제 중에서 너와 같은 선지자 하나를 그들을 위하여 일으키고 내 말을 그 입에 두리니 내가 그에게 명령하는 것을 그가 무리에게 다 말하리라 누구든지 내 이름으로 전하는 내 말을 듣지 아니하는 자는 내게 벌을 받을 것이요."(신명기 18:15-19)

오늘날에 와서도 유대인들은 이 말씀이 메시야를 예언하는 말씀이라고 인정하고 있습니다.

척 스미스(Chuck Smith) 목사님께서 이스라엘에 가셨을 때, 거기서 만난 유대인에게 예수 그리스도에 관하여 말씀하셨습니다. 그러자 그는 "글쎄요, 우리는 예수가 메시야였다고 믿지 않습니다. 그는 자신이 하나님의 아들이라고 선언했으니까요. 우리는 메시야가 하나님의 아들일 것이라고 믿지 않습니다. 왜냐하면 모세가 말하기를 하나님께서 '나와 같은 선지자 하나를 일으킬 것' 이라고 했기 때문입니다. 그러니까 메시야는 모세처럼 사람으로 오실 것입니다."라고 하더라는 것입니다.

사실 예수님께서 사람들에게 거부를 당하신 이유도 예수님께서 자신이 하나님의 아들이라고 선언하셨기 때문입니다. 유대인들은 메시야가 모세 같은 사람일 것이라고 생각했습니다. 오늘날까지도 유대인들은 이 선지자에 대한 예언을 메시야에 대한 예언이라고 믿고 있습니다.

세례 요한이 그의 사역을 시작할 때에, 예루살렘에서 온 어떤 서기관들에게 이런 질문들을 받았습니다.

"너는 엘리야냐?"

요한이 "나는 엘리야가 아니다."라고 했습니다.

"그럼 너는 메시야냐?"

요한이 "나는 메시야가 아니다."라고 했습니다.

그러자, "너는 그 선지자(the Prophet)냐?"

요한이 "나는 그 선지자(the Prophet)가 아니다."라고 했습니다.

"그러면 너는 누구냐?"

그들이 요한에게 이 질문을 한 것은 바로 이 요한이 혹시 신명기에서 모세가 예언했던 그 선지자(the Prophet: 메시야)가 아닌가 생각했기 때문입니다.

하나님께서 보내실 메시야는 하나님의 대변자가 될 것이라고 했습니다. 그는 사람들에게 하나님의 진리를 반포할 자라고 하셨습니다. 그러므로 이 선지자를 보내시는 목적은 하나님과 사람 사이에 중보자로 오는 것입니다. 그래서 하나님께서는 그가 모세와 같을 것이라고 하신 것입니다. 모세도 하나의 중보자였습니다.

이스라엘 백성들이 애굽에서 나와서 시나이 반도의 호렙산에 나아왔을 때, 하나님께서 백성들에게 말씀하셨는데 이때 불이 땅에 떨어졌습니다.

마치 번개가 치는 것처럼 그들에게 놀라운 일이 일어나자 그들은 모세에게 와서 이렇게 말했습니다.

"모세여, 우리는 도대체 감당할 수가 없군요. 그러니까 당신이 혼자 산 위에 올라가서 하나님을 만나 하나님께서 뭐라고 하시는지 듣고 와서 우리들에게 전해 주십시오. 우리는 무서워서 도저히 하나님 앞에 설 수가 없습니다. 하나님을 뵐 수도 없습니다. 우리가 하나님 앞에 서면 우리는 죽을 것입니다. 다만 당신이 하나님의 말씀을 전하면 우리가 듣고 순종하겠나이다." 그러므로 모세는 하나의 중재자로 하나님과 이스라엘 백성들 사이에 선 것입니다. 모세가 산 위로 올라가면 하나님께서 모세에게 말씀하셨고, 모세는 내려와서 백성들에게 하나님의 말씀을 전했습니다.

그러므로 모세는 하나의 중보자였고, 그가 본문에서 예언했던 선지자, 즉 메시야는 모세와 같은 중보자, 곧 하나님의 말씀을 백성들에게 선포할 중보자로 오실 것이라는 뜻입니다.

사실 우리에게 하나님께 대한 중보자의 필요성은 절실히 요구되고 있습니다.

하나님은 무한(Infinite)하시고, 인간은 유한(finite)한 존재입니다.

유한한 인간이 무한하신 하나님을 이해하는 것은 도저히 불가능한 일입니다. 다만 우리는 무한이 존재하고 있다는 사실을 이해할 수 있을 뿐입니다.

땅의 지식을 가지고는 아무도 하나님의 무한하심에 도달할 수 없습니다. 욥도 이것을 이해하는 것이 어렵다고 인정했습니다. 그의 친구들이 자기를 위로하기 위해서 먼 곳에서 왔지만 그들의 위로란 사실상 욥을 정죄하고 괴롭히는 행위였을 뿐입니다.

"필경은 네가 무슨 숨겨진 죄를 가지고 있기에 이와 같이 되었을 터이니 하나님께 회개하라."는 것입니다. 그리하면 "네 시작은 미약하였으나, 네 나중은 심히 창대하리라(욥기 8:7)."는 것입니다.

욥은 급기야 그들을 "번뇌케 하는 안위자"(miserable comforters; 끔찍한 위로자들)이라고 부르게 됩니다(욥 16:1-4).

이때 욥이 그의 친구들에게 했던 대답 가운데에서 무한하신 하나님 앞에 선 유한한 인간의 연약함에 대하여 이렇게 토로했습니다.

> "진실로 내가 이 일이 그런 줄을 알거니와 인생이 어찌 하나님 앞에 의로우랴 사람이 하나님께 변론하기를 좋아할지라도 천 마디에 한 마디도 대답하지 못하리라 그는 마음이 지혜로우시고 힘이 강하시니 그를 거슬러 스스로 완악하게 행하고도 형통할 자가 누구이랴."(욥기 9:2-4)

여기서 욥은 자신의 딜레마가 무엇인지 말하고 있습니다.

> "하나님은 나처럼 사람이 아니신즉 내가 그에게 대답할 수 없으며 함께 들어가 재판을 할 수도 없고 우리 사이에 손을 얹을 판결자도 없구나."(욥기 9:32-33)

욥은 하나님과 자신 사이에 중보자가 없다는 것을 한탄하고 있습니다. 이것이 욥기의 중심 주제입니다.

욥기 이야기가 나온 김에 욥기의 내용을 대략 말씀드리면 이렇습니다.

많은 분들이 욥기를 오직 1장과 마지막 장만 아십니다. 그러니까 욥기의 주제를 말하라면 "의인 욥이 애매히 고난을 받았으나 잘 참고 견뎠더니 쨍 하고 해뜰 날이 돌아왔다더라"라고 말합니다. 가운데 토막을 전혀 공부하지 않았기 때문에 욥기가 예수님에 대하여 이야기하고 있다는 사실을 전혀 모릅니다.

욥기 1장과 2장은 사탄이 하나님의 허락을 받고 욥을 치는 장면입니다. 여기서 욥은 온 재산과 사랑하는 자녀들과 자신의 건강과 심지어는 아내까지 잃어버렸습니다. 욥의 세 친구들 데만 사람 엘리바스와 수아 사람 빌닷과 나아마 사람 소발이 그를 위로하기 위해서 그의 곁에 왔지만 그가 당하고 있는 참상이 너무나 기가 막혀서 7일 주야를 그의 곁에서 겉옷을 찢고 티끌을 날리고 한 마디도 말을 하지 못합니다.

그 다음 욥기 3장에서 욥의 한탄이 나옵니다.

이제 4장으로부터 31장까지는 욥과 그의 친구들의 변론이 나옵니다.

엘리바스와 빌닷과 소발이 돌아가면서 욥에게 숨겨진 죄악을 회개하라고 합니다. 엘리바스는 욥에게 '숨겨진 죄(Secret sin)'가 있다고 우겼고, 빌닷은 욥을 '위선자(Hypocrite)'라고 몰아세웠으며, 소발은 욥을 '거짓말쟁이(Liar)'라고 비난했습니다.

여기서 흥미로운 것은 욥이 그들에게 한 마디도 안 진다는 것입니다.

그 아프고 괴로운 와중에서도 그는 꼬박꼬박 그들에게 대답을 합니다. 그 내용은 자기는 전혀 죄가 없다는 것입니다. 그러면서도 그는 여전히 전능자 앞에서 유한한 인간으로서의 참담한 거리를 느끼고 있습니다. 이것이 욥의 딜레마입니다.

결국 4장부터 31장까지 스물 여덟 장에 걸친 논쟁에서 욥이 이겼습니다. 욥이 하도 자신은 의롭다고 하면서 이런 고통을 받을 아무런 이유도 없다고 변박을 하니까 아무도 거기에 대해서 더 이상 할 말이 없습니다.

이때까지 옆에서 듣고만 있던 또 한 사람, 엘리후가 갑자기 일어나서 32장부터 37장까지 욥에게 신랄한 비판을 퍼붓습니다.

거기에서 엘리후는 하나님께서 창조하신 이 세상에 있는 것들 가운데에서도 인간이 무지해서 알지 못하는 것들이 수도 없이 많다는 것을 욥에게 일깨워 줍니다. 그러니 유한한 인간이 어떻게 무한하신 하나님 앞에서 온전하다고 주장을 할 수 있느냐는 것입니다. 인간이 스스로 의라고 생각하는 것이 전능하신 하나님 앞에서는 악일 수도 있다는 것입니다.

그러니까 앞의 세 친구와는 차원이 다른 변론을 하고 있는 것입니다. 앞의 세 친구는 욥에게 뭔가 숨겨진 죄악이 있다고 따졌습니다. 그러나 엘리후는 욥의 죄를 말하는 것이 아니라, 욥이 스스로 아무 죄가 없다고 하더라도 완전하시고 의로우시고 무한하신 하나님 앞에서 의롭다고 주장할 수 없는 연약한 존재라는 것을 인식시키는 것입니다.

엘리후는 무서운 말을 했습니다.

“슬기로운 자와 내 말을 듣는 지혜 있는 사람은 반드시 내게 말하기를 욥이 무식하게 말하니 그의 말이 지혜롭지 못하도다 하리라 나는 욥이 끝까지 시험 받기를 원하노니 이는 그 대답이 악인과 같음이라 그가 그의 죄에 반역을 더하며 우리와 어울려 손뼉을 치며 하나님을 거역하는 말을 많이 하는구나.”(욥기 34:34-37)

엘리후의 변론 가운데 가장 중요한 포인트는 우리에게 중보자가 필요하다는 것입니다. 엘리후는 이렇게 말했습니다.

“만일 일천 천사 가운데 하나가 그 사람의 중보자로 함께 있어서 그의 정당함을 보일진대 하나님이 그 사람을 불쌍히 여기사 그를 건져서 구덩이에 내려가지 않게 하라 내가 대속물을 얻었다 하시리라.”(욥기 33:23-24)

그러니까 이 엘리후가 정확하게 지적하는 것은 우리 인간에게는 신명기에서 모세가 예언했던 대로 메시야가 필요하다는 것입니다.

그 메시야는 하나님의 말씀을 전하는 자(Messenger), 하나님과 인간 사이의 중보자(Mediator)이십니다.

이분이 누굽니까?

예수 그리스도이십니다. 엘리후는 바로 예수 그리스도를 예언하고 있습니다.

자, 이렇게 엘리후가 메시야, 곧 중보자의 필요성을 역설하는 변론을 마치자, 이때까지 입을 다물고 계시던 하나님께서 갑자기 욥의 입을 여셔서 말씀을 시작하십니다.

이 말씀이 38-41장까지의 내용입니다.

여기서 하나님은 욥에게 75개의 문장에 실어서 90개의 신기한 질문들을 퍼부으십니다.

이 질문들은 하나같이 우리 인간의 힘으로는 알 수 없는 일들에 대한 것입니다.

여기서 욥은 엘리후가 말한 중보자의 필요성을 절실히 느끼게 됩니다. 그래서 드디어 욥기 42장에서 욥이 이런 고백을 하기에 이르렀습니다.

"욥이 여호와께 대답하여 이르되 주께서는 못 하실 일이 없사오며 무슨 계획이든지 못 이루실 것이 없는 줄 아오니 무지한 말로 이치를 가리는 자가 누구니이까 나는 깨닫지도 못한 일을 말하였고 스스로 알 수도 없고 헤아리기도 어려운 일을 말하였나이다 내가 말하겠사오니 주는 들으시고 내가 주께 묻겠사오니 주여 내게 알게 하옵소서 내가 주께 대하여 귀로 듣기만 하였사오나 이제는 눈으로 주를 뵈옵나이다 그러므로 내가 스스로 거두어들이고 티끌과 재 가운데에서 회개하나이다."(욥기 42:1-6)

보십시오. 드디어 욥이 본질적인 문제를 깨달았습니다.

하나님은 바로 우리들을 이 자리로 몰고 가려고 하십니다. 우리가 박사 학위를 몇 개나 소유하고 있고, 이 세상의 지식을 모두 알고 있다 합시다. 그것 가지고 하나님 앞에서 우리가 옳다고 말할 수 있겠습니까? 우리는 우리가 옳다고 알고 있는 것들도 다 행하지 못하고 삽니다. 그런데 우리가 알지 못하는 수많은 의에 대해서 우리가 옳다고 주장할 수 있겠습니까?

결국 우리는 욥처럼 하나님께 고백해야 합니다.

"주님, 제게는 중보자가 필요합니다!"

이 깨달음이 욥에게 왔을 때 비로소 욥기 42장의 나머지 부분에서 욥을 회복시키시는 하나님의 축복이 나타납니다.

이것은 단순한 이 땅에서의 영광이 아니라, 욥이라는 사람이 완전히 하나님 앞에 합당한 사람이 되었음을 나타내는 것입니다. 저 천국의 영광을 누리게 되었음을 보여 주고 있습니다.

이와 같이 우리는 유한하고 하나님은 무한하시기 때문에 하나님과 우리 사이에는 중보자가 필요합니다. 또한 하나님께서는 온전히 거룩하시고, 우리들의 삶은 죄악으로 너무나 더럽혀져 있기 때문에 우리는 중보자를 필요로 합니다.

이 세상에는 '이 땅에 살고 있는 가장 깨끗한 사람' 혹은 '가장 의로운 사람' 이라고 칭찬을 듣는 사람들이 있습니다. 하지만 실제로 그들의 삶을 하나하나 살펴보면 죄 없는 사람은 하나도 없습니다. 인간의 진상을 살피신 하나님의 선언이 여기에 있습니다.

"여호와께서 하늘에서 인생을 굽어살피사 지각이 있어 하나님을 찾는 자가 있는가 보려 하신즉 다 치우쳐 함께 더러운 자가 되고 선을 행하는 자가 없으니 하나도 없도다."(시편 14:2-3)

이사야는 우리 인생의 의가 하나님 앞에서는 더러운 누더기(Filthy Rag)와 같다고 말했습니다.

"무릇 우리는 다 부정한 자 같아서 우리의 의는 다 더러운 옷 같으며 우리는 다 잎사귀 같이 시들므로 우리의 죄악이 바람 같이 우리를 몰아가나이다."(이사야 64:6)

모세의 상황은 매우 독특했습니다. 하나님께서는 모세에게 직접 말씀하셨습니다. 아론과 미리암이 모세를 비방할 때에 하나님께서 그들에게 이렇게 말씀하셨습니다.

"이르시되 내 말을 들으라 너희 중에 선지자가 있으면 나 여호와가 환상으로 나를 그에게 알리기도 하고 꿈으로 그와 말하기도 하거니와 내 종 모세와는 그렇지 아니하니 그는 내 온 집에 충성함이라 그와는 내가 대면하여 명백히 말하고 은밀한 말로 하지 아니하며 그는 또 여호와의 형상을 보거늘 너희가 어찌하여 내 종 모세 비방하기를 두려워하지 아니하느냐."(민수기 12:6-8)

구약의 대부분의 선지자들이 환상을 보거나 꿈을 꾸거나 하나님께서 주시는 영감을 가지고 말했습니다. 하지만 모세는 직접 하나님께 음성을 들었습니다. 그는 하나님과 직접적인 커뮤니케이션(Communication)을 가졌습니다.

하나님께서는 이와 같이 신명기 18장에서 모세를 통하여 약속하시기를, 오실 선지자는 모세와 같이 직접 하나님께 말씀을 받아서 온 세상에 전하실 메신저라고 하셨습니다. 우리는 이 언약이 예수 그리스도께 와서 성취되어 졌음을 알고 있습니다.

하나님께서 "내가 그들의 형제 중에서 선지자를 일으키겠다."고 하셨습니다.

예수 그리스도께서는 동정녀를 통해서 다윗의 혈통에서 나셨습니다. 예수님은 전형적인 유대인의 가정에서 한 사람의 유대 소년으로 자라나셨습니다. 하나님의 예언대로 유대인들 가운데서 자라나신 것입니다. 그러나 성경은 말씀하시기를 "그가 자기 땅에 오매 자기 백성이 영접지 아니하였다."고 했습니다.

예수님은 하나님의 대변자이셨습니다.

예수님은 항상 당신께서 하시는 말이 하나도 자신의 말이 아니라, 아버지께 들은 말씀을 전하는 것이라고 강조하셨습니다(요한복음 3:11; 8:26; 15:15).

히브리서 역시 예수님의 이 말씀을 뒷받침하는 말씀으로 시작되고 있습니다.

> "옛적에 선지자들을 통하여 여러 부분과 여러 모양으로 우리 조상들에게 말씀하신 하나님이 이 모든 날 마지막에는 아들을 통하여 우리에게 말씀하셨으니 이 아들을 만유의 상속자로 세우시고 또 그로 말미암아 모든 세계를 지으셨느니라."(히

브리서 1:1-2)

하나님께서는 그 아들 예수님을 통하여 인생들에게 말씀하신 것입니다.

그러니까 신명기에 나타난 모세의 예언은 예수 그리스도께서 하나님과 사람 사이의 중보자이시고, 하나님의 대언자이시며, 또한 이스라엘 백성들 가운데 나실 분이심을 예언한 것입니다.

예수님은 친히 중재자(Mediator)로 오셨음을 말씀하셨습니다(요한복음 10:7-10).

바울도 예수님의 중보자 되심을 증거했습니다(디모데전서 2:5).

히브리서에서도 3번 예수님은 중보자로 불리셨습니다(히브리서 8:6; 9:15; 12:24).

성경은 그분만이 우리의 중보자가 되실 수 있음을 말씀하고 있습니다.

예수님께서는 하나님과 태초부터 함께 계셨고, 만물을 창조하셨으며, 또한 친히 하나님이셨습니다. 그럼에도 불구하고 그는 하나님과 동등됨을 취할 것으로 여기지 아니하시고, 자기를 낮추시고, 자기를 비워 종의 형체를 입으시고 이 땅에 오신 것입니다.

그러므로 예수님께서는 하나님의 손을 잡으실 수 있습니다. 동시에 그분은 육신을 입고 우리 가운데 오셨으므로 우리들의 손을 잡으실 수 있습니다.

예수님께서는 우리들의 약함을 이해하십니다. 그분은 우리들의 시련과 고통들을 알고 계십니다. 그분은 인간으로 오셨기 때문입니다. 그러나 그분은 여전히 하나님이십니다. 그러므로 예수님을 통하지 않고는 아무도 하나님께 도달할 수 없습니다. 그러나 예수님을 통하면 누구나 하나님께 도달할 수 있습니다.

그러므로 우리의 유일한 중재자이신 예수님의 말씀을 듣지 아니하면 우리에겐 길이 없는 것입니다.

"누구든지 내 이름으로 전하는 내 말을 듣지 아니하는 자는 내게 벌을 받을 것이요."(신명기 18:19)

다른 말로 하면, 우리들은 예수 그리스도의 말씀에 대하여 어떤 반응을 보이느냐에 대하여 하나님 앞에서 책임이 있다는 것입니다.

예수님은 우리에게 하나님의 말씀을 들려 주셨습니다.

이는 빛의 말씀이며, 생명의 말씀입니다. 그의 말씀은 하나님께서 우리에게 영원한 생명을 주시기 원하신다고 선언하고 있습니다. 그의 말씀은 죄의 삯인 사망으로부터 우리를 구하기 원하신다고 선언하고 있습니다.

또한 예수님의 말씀은 사랑의 말씀입니다.

하나님께서 우리를 사랑하십니다. 우리가 비록 하나님의 말씀에 순종하지 않았다 하더라도, 우리가 끔찍한 죄에 참여했다 하더라도, 우리의 마음속에 미움이 꽉 차 있다 하더라도, 하나님께서는 예수 그리스도를 통하여 우리를 향하신 하나님의 사랑을 보여 주셨습니다.

이제 구원은 준비되었습니다.
이미 우리의 죄값은 치러졌습니다.
이제 열쇠는 우리에게 있습니다.
어떻게 하겠습니까?

하나님께서는 우리와 전쟁을 하고 싶어 하지 않으십니다. 하나님께서는 우리와 화평하기를 원하십니다.

그러나 우리가 여전히 죄악된 삶에 머무르려 한다면 하나님과 화해할 수가 없습니다.

당신의 삶을 하나님께 드리십시오. 그분께 마음을 여십시오.

당신의 마음에 강물처럼 평화가 밀려올 것입니다.

생각해 보십시오. 우리가 하나님의 말씀을 공부해 보면 하나님은 우리의 평화와 기쁨과 건강과 축복을 원하실 뿐만 아니라 실제로 그 모든 것들을 예수 그리스도를 통해서 우리에게 다 베풀어 주셨습니다. 그런데 우리들이 완전히 마음을 열고 정말 예수님을 모셔 들이지 못하기 때문에 이미 하나님께서 주신 것들조차 누리지 못하고 있는 것입니다.

자, 이제 마음을 열고 하나님과 우리 사이에 서신 선지자, 중보자, 말씀의 대변자 예수 그리스도를 당신의 생의 주와 구세주로 모셔 들이시겠습니까? 아니면, 계속해서 예수님을 문 밖에 세워 두시고 부끄러운 정욕대로 이 세상을 살겠습니까?

선택은 당신의 것입니다.

생각해 봅시다!

1. 모세의 메시야에 대한 예언과 욥기의 주제는 모두 하나님과 인간 사이의 (   )의 필요성에 대한 것입니다.

2. 신명기에 나타난 예수님을 통한 하나님의 사랑에 대한 나의 반응은 무엇입니까?

신명기의 예수님(2)

명기는 오실 예수님에 대하여 아주 선명한 두 가지 예언을 들려 주고 있습니다.

전 장에서 우리는 그 둘 중 하나인, 신명기 18장에서의 선지자에 대한 예언을 다루었습니다. 이 장에서는 그 두 번째 시간으로 신명기 21장의 '나무에 달린 자'에 관한 예언입니다.

두 번째는 신명기 21장 22-23절입니다.

우리는 여기서 하나님께 저주를 받아 나무에 달린 사람에 관한 말씀을 읽을 수 있습니다.

"사람이 만일 죽을 죄를 범하므로 네가 그를 죽여 나무 위에 달거든 그 시체를 나무 위에 밤새도록 두지 말고 그 날에 장사하여 네 하나님 여호와께서 네게 기업으로 주시는 땅을 더럽히지 말라 나무에 달린 자는 하나님께 저주를 받았음이니라."
(신명기 21:22-23)

성경에서 '저주'라는 단어가 언급된 것은 놀랍게도 성경의 최초 부분부터였습니다.

하나님은 아담과 하와를 지으시고, 그들을 에덴 동산에 두셨습니다. 하나님은 그들에게 동산 중앙에 있는 선악을 알게 하는 나무의 열매를 제외하고는 모든 열매를 먹을 수 있는 자유를 주셨습니다. 사탄이 하와에게 와서 그 나무의 실과를 한번 먹어 보라고 유혹했습니다.

결국 그녀는 그 열매를 먹게 되고, 더 나아가 자기의 남편에게도 주어서 먹게 했습니다. 그들이 그 열매를 먹는 순간 그들은 영적인 죽음에 처해졌습니다.

어떤 사람들은 그들이 열매를 먹었어도 죽지 않았다는 것을 들어서 하나님의 말씀이 거짓이라고 주장합니다.

하지만 하나님은 그들이 그날에 죽으리라고 하셨고, 그들은 바로 그날에 영적인 죽음을 당했습니다.

알아야 할 것은 육신의 죽음이라고 하는 것은 육신과 영의 분리입니다. 그리고 영적 죽음은 바로 하나님과 인간의 영혼의 분리입니다.

그들이 영적으로 죽었다는 것을 어떻게 단정할 수 있느냐고요?

그들이 하나님의 임재하심 앞에서 어떤 모습을 보였는지를 보면 알 수 있습니다.

하나님께서 그들에게로 오셨습니다. 하나님은 언제나 우리와 사귐을 갖고 싶어 하십니다.

하나님께서 죄지은 어떤 사람에게라도 "넌 보기 싫으니까 내 앞에서 없어져 버려라."라고 하시지 않습니다. 다만 하나님의 거룩하심 앞에서 사람들은 스스로 도망을 치는 것입니다.

하나님께서 아담과 하와에게로 오시자, 아담과 하와는 숨었습니다. 보십시오. 하나님과의 사귐이 끝난 것을 보여 주고 있지 않습니까?

하나님께서 아담에게 물으셨습니다.

"아담아! 네가 어디 있느냐?"

이 질문은 오늘날까지 온 인류를 향해서 묻고 계신 하나님의 질문입니다. '아담아' 대신에 당신의 이름을 넣어 보십시오.

하나님은 당신과 사귐을 갖고 싶어 하십니다.

아담이 하나님께, "우리가 벗었으므로 부끄러워하여 숨었나이다."라고 대답합니다.

하나님께서 "누가 너희의 벗었음을 너희에게 가르쳐 주었느냐? 내가 먹지 말라 한 그 나무의 열매를 네가 먹었느냐?"고 물으십니다.

아담이 대답합니다.

"하나님이 내게 주어 나와 함께 하게 한 여자, 그가 나에게 열매를 주어 먹었습니다."

우리는 여기서 하나님과의 사귐이 끝난 인간의 다른 모든 사귐도 깨어져 버리고 만다는 것을 알 수 있습니다.

아담은 그의 죄를 하나님과 하와에게 전가하려 했습니다. 이어서 하와는 뱀에게로 그 책임을 전가합니다.

하나님은 이제 그들의 죄에 대한 저주를 선언하십니다.

인류의 슬픔이 시작되는 장면입니다.

"여호와 하나님이 뱀에게 이르시되 네가 이렇게 하였으니 네가 모든 가축과 들의 모든 짐승보다 더욱 저주를 받아 배로 다니고 살아 있는 동안 흙을 먹을지니라 내가 너로 여자와 원수가 되게 하고 네 후손도 여자의 후손과 원수가 되게 하리니 여자의 후손은 네 머리를 상하게 할 것이요 너는 그의 발꿈치를 상하게 할 것이니라 하시고 또 여자에게 이르시되 내가 네게 임신하는 고통을 크게 더하리니 네가 수고하고 자식을 낳을 것이며 너는 남편을 원하고 남편은 너를 다스릴 것이니라 하시고 아담에게 이르시되 네가 네 아내의 말을 듣고 내가 네게 먹지 말라 한 나무의 열매를 먹었은즉 땅은 너로 말미암아 저주를 받고 너는 네 평생에 수고하여야 그 소산을 먹으리라 땅이 네게 가시덤불과 엉겅퀴를 낼 것이라 네가 먹을 것은 밭의 채소인즉 네가 흙으로 돌아갈 때까지 얼굴에 땀을 흘려야 먹을 것을 먹으리니 네가 그것에서 취함을 입었음이라 너는 흙이니 흙으로 돌아갈 것이니라 하시니라." (창세기 3:14-19)

이것이 하나님의 저주입니다.

사람들은 하나님께서 사람을 저주하셨다고 생각합니다. 하지만 이것은 잘못된 생각입니다. 우리는 여기서 하나님께서 아담과 하와에게 저주를 퍼붓지 않으셨다는 사실을 주목해야 합니다.

하나님은 뱀과 땅을 저주하셨습니다. 물론 이 뱀과 땅에 대한 저주는 사람에게 모종의 영향을 미치게 될 것입니다. 만일 우리가 어떤 행동을 한다면 그 행동은 우리의 삶에 모종의 영향을 미치게 됩니다.

만일 우리가 죄에 참여한다면 반드시 우리가 죄를 지었다는 것을 증명하게 될 결과가 나타나는 것입니다. 그리고 우리는 바로 그 결과를 저주라고 하는 것입니다. 그것은 바로 잘못된 선택과 잘못된 행동에 의해서 결정적으로 나타나는 일종의 결과입니다.

그러므로 사람이 받는 저주에 대해서 하나님을 비난하는 것은 잘못된 일입니다. 사람은 하나님께서 명하신 법을 무시하고 행동함으로써 자기 스스로에게 하나님의 저주를 가져오는 것입니다.

하나님은 사람에게 죄의 결과가 무엇인지를 경고하셨습니다.

하나님은 “만일 네가 이것을 하면 너는 죽게 된다고 하신 것입니다. 만일 사람이 하나님을 무시하고 하나님의 경고를 거스르고 반역하는 길을 선택한다면, 그리고 그가 선택한 길을 따라 행동한다면 반드시 하나님께서 그렇게 되리라고 하신 일이 그대로 이루어집니다.

결국 우리의 삶에서 우리가 선택해서 행동하는 모든 일들이 일정한 결과를 우리의 삶에 가져오게 됩니다. 그러므로 성경은 "사람이 무엇으로 심든지 그대로 거두리라."고 말씀하고 있습니다.

"스스로 속이지 말라 하나님은 업신여김을 받지 아니하시나니 사람이 무엇으로 심든지 그대로 거두리라 자기의 육체를 위하여 심는 자는 육체로부터 썩어질 것을 거두고 성령을 위하여 심는 자는 성령으로부터 영생을 거두리라."(갈라디아서 6:7-8)

다시 창세기로 돌아가서 하나님께서 반포하신 저주의 내용을 살펴봅시다.

거기서 하나님은 아담과 하와의 범죄로 이 땅이 저주를 받게 되겠다고 하셨습니다. 그리고 그 저주의 내용은 이 땅이 가시와 엉겅퀴를 낸다고 했습니다.

그러므로 성경에서 가시는 바로 하나님의 저주를 상징합니다. 사실상 우리가 살고 있는 이 세상은 가시로 가득차 있습니다. 사회적으로 보면 범죄자들이 의롭게 살고자 하는 모든 이들의 가시로 남아 있습니다. 개인적으로 보면 질병의 가시를 평생토록 안고 살아가는 많은 사람들이 있습니다. 어떤 사람들은 자기 속으로 낳은 자녀들이 자신의 가시로 자신을 찌르는 아픔을 안고 있습니다. 사업상의 문제, 인간관계의 문제, 질병 등 참으로 이 세상은 가시로 가득차 있습니다. 당연히 그 이유는 성경이 가르치는 대로 인간의 죄로 인하여 가시가 이 땅에 왔기 때문입니다.

그런데 흥미로운 것은 예수 그리스도께서 우리의 죄를 위하여 대속의 죽음을 죽으실 때에 가시관을 쓰셨다는 것입니다. 사실 로마의 백부장이 예수님의 머리에 가시관을 씌운 것은 예수님을 조롱하는 의미였습니다.

"네가 왕이냐? 왕이면 면류관을 써야 할 것 아니냐?" 하면서 가시로 관을 엮어서 예수님의 머리에 씌웠습니다.

그 가시는 사람의 손가락만큼이나 굵고 긴, 팔레스타인의 광야 지방에서 자라는 가시나무의 가시였습니다. 그것으로 관을 엮어서 머리에 살짝 얹은 것이 아니라, 위로부터 아래로 푹 눌러 씌워서 그 가시들이 예수님의 머리를 사정없이 뚫고 박히게 만듭니다.

이 로마의 백부장은 단순히 예수님을 조롱하기 위해서 이 일을 한 것이지만 사실은 성경의 진실을 우리에게 보여 준 행위인 것입니다.

아담의 죄로 인하여 이 땅에 온 가시관을 예수님은 홀로 지고 가신 것입니다. 그러므로 예수님의 죽으심이 우리의 가시들을 모두 걷어 가신 것입니다.

이제 예수님의 죽으심으로 말미암아 인간의 저주는 끝났습니다. 우리가 그 가시를 다시 짊어져야 할 필요가 없는 것입니다. 우리가 더 이상 하나님의 저주 아래 있어야 할 이유가 없습니다.

본문을 살펴보면 흥미로운 사실을 한 가지 발견하게 됩니다.

생각해 보십시오. 우리는 레위기, 민수기, 신명기를 통해서, 이스라엘 백성들에게 있어서 최고의 형벌은 죄 지은 사람을 돌로 쳐서 죽이는 일이었음을 봅니다.

사람을 나무에 매다는 벌은 유대인들에게는 없었습니다. 아마 모세도 영감을 받아 신명기를 기록했지만 무슨 뜻인지는 몰랐을 것입니다. 이것을 듣는 이스라엘 백성들도 이 끔찍한 형벌이 무엇을 의미하는지 몰랐을 것입니다.

이스라엘 자손들에게 있어서 모세에 의하여 선포된 이 하나님의 말씀은 놀라움 그 자체였을 것입니다.

이스라엘 사람들은 사람을 나무에 매다는 일이 없었습니다. 그들의 가장 큰 형벌은 돌로 쳐서 죽이는 것이었습니다.

하지만 이스라엘의 역사 가운데 로마 사람들에 의하여 그들이 통치를 받게 될 날이 올 것을 하나님은 아셨습니다.

죄인을 나무에 매다는 것은 페르시아에서 비롯된 것으로 로마 사람들이 이러한 형벌의 방법을 페르시아에서 도입해 온 것입니다.

모세가 이 예언을 반포한 때로부터 약 14세기가 지난 후에 이스라엘은 로마사람들의 압제 아래 놓이게 되었으며, 그래서 이스라엘의 범죄자들이 로마의 형법에 의하여 십자가에 달리는 형벌을 받게 될 것을 누가 알았겠습니까?

예수 그리스도는 로마 병정들의 손에 넘겨졌습니다. 그리고 모세가 반포한 하나님의 말씀대로 나무에 달리신 것입니다.

본문을 다시 한 번 읽어 봅시다.

"사람이 만일 죽을 죄를 범하므로 네가 그를 죽여 나무 위에 달거든 그 시체를 나무 위에 밤새도록 두지 말고 그 날에 장사하여 네 하나님 여호와께서 네게 기업으로 주시는 땅을 더럽히지 말라 나무에 달린 자는 하나님께 저주를 받았음이니라."(신명기 21:22-23)

어쩌면 이렇게 정확히 하나님의 예언이 성취될 수 있겠습니까? 사실상 로마 사람들은 십자가에 달린 사람들이 완전히 죽을 때까지 그것이 이틀이 되었든 삼일이 되었든 그냥 놔두었습니다.

사람을 나무에 달아 죽이는 형벌을 만든 페르시아 사람들은 땅을 거룩한 것으로 여겼고, 죄인을 땅에 장사지내는 것이 땅을 더럽히는 행위라고 생각했으므로 죄인은 땅에 장사될 자격도 없었습니다.

하지만 예수님이 십자가에 달리신 그 다음 날은 유대인의 큰 명절, 유월절의 안식일이었으므로 유대인들은 그 날이 오기 전에 예수님을 십자가에서 내리려 했습니다. 사람이 죽기 전에 십자가에서 내리면 그를 완전히 죽이기 위해서 뼈를 꺾어 버리는 관습이 있었습니다.

하지만 예수님은 친히 말씀하신 것처럼 자신의 생명을 잡을 권세도, 놓을 권세도 가지고 계셨습니다.

성경이 "다 이루었다 말씀하시고, 영혼이 돌아가시다(요한복음 19:30)."라고 한 것은 "He gave up His Spirit."이라는 의미였습니다.

예수님은 그 뼈가 하나도 꺾이지 아니하리라는 예언을 이루기 위하여 그 짧은 시간에 스스로 그 영혼을 몸에서 떠나보내심으로써 일찍 숨을 거두신 것입니다.

하지만 예수님의 양편에 달린 강도들은 아직 죽지 않았기 때문에 그들의 다리를 꺾어 버렸습니다.

이와 같이 모세가 선포했던 '나무에 달린 자'는 바로 다름 아닌 예수 그리스도에 대한 예언이었습니다.

훗날 바울은 예수님의 죽으심을 본문의 모세의 말씀과 연결지어 이렇게 설명했습니다.

"그리스도께서 우리를 위하여 저주를 받은 바 되사 율법의 저주에서 우리를 속량하셨으니 기록된 바 나무에 달린 자마다 저주 아래에 있는 자라 하였음이라."(갈라디아서 3:13)

사실, 예수님은 나무에 달릴 만한 어떠한 죄도 짓지 않으셨습니다. 하지만 죄인 된 우리들의 모든 죄를 그 몸에 짊어지신 것은 그의 의로 우리를 의롭다 하시기 위해서였습니다.

"하나님이 죄를 알지도 못하신 이를 우리를 대신하여 죄로 삼으신 것은 우리로 하여금 그 안에서 하나님의 의가 되게 하려 하심이라."(고린도후서 5:21)

예수 그리스도께서 우리의 죄를 짊어지셨으므로 이제 더 이상 우리들은 하나님의 심판을 받을 필요가 없게 되었습니다. 이제 더 이상 하나님의 저주 아래 놓여 있을 필요가 없습니다.

다만 예수 그리스도를 당신의 주와 구세주로 영접하고, 하나님의 자녀가 되기만 한다면, 이제 영원히 죄와 사망에서 벗어나게 됩니다. 그래서 깨어진 하나님과의 사귐을 다시금 정립할 수 있습니다.

사실상 하나님께서 저주하신 것은 사람이 아니라, 죄 자체였습니다. 하나님은 죄를 미워하되, 죄인을 미워하지 않으십니다. 사망과 저주의 표적(Target)은 사람이 아니라, 그 사람이 저지른 죄입니다.

지금 당신은 죄를 안고 있습니다. 하나님의 공의에 의한 저주의 화살은 그 죄를 향하고 있습니다. 그것은 마치 미사일과 같아서 집요하게 당신의 죄를 쫓아올 것입니다. 그 앞에서 도망할 수 있는 사람은 아무도 없습니다.

성경은 우리의 죄가 반드시 우리를 찾아내리라고 했습니다.

자, 이 사망을 피할 수 있는 방법이 무엇일까요?

그것은 그 사망의 표적이 되는 죄를 던져 버리면 됩니다.

사망은 우리를 쫓아오는 것이 아니라, 그 죄를 쫓아옵니다. 그러므로 당신이 당신의 죄를 던져 버릴 수만 있다면 더 이상 사망은 당신을 쫓아오지 않습니다. 당신이 던져 버린 그 죄를 향하여 다른 곳으로 갑니다.

그러나 문제는 우리가 우리의 죄를 스스로 던져 버릴 능력이 없다는 것입니다. 죄는 너무나 달콤합니다. 그래서 우리는 우리 자신의 능력으로 이 죄를 던져 버릴 수 없습니다. 그러나 예수 그리스도께서 우리의 죄를 짊어지셨습니다. 그리고 그 죄를 우리에게서 완전히 옮겨 버리신 것입니다. 그러므로 이제 사망과 저주는 그 표적을 잃어버린 것입니다.

바울은 이 사실을 이렇게 선포하고 있습니다.

"사망아 너의 승리가 어디 있느냐 사망아 네가 쏘는 것이 어디 있느냐 사망이 쏘는 것은 죄요 죄의 권능은 율법이라 우리 주 예수 그리스도로 말미암아 우리에게 승리를 주시는 하나님께 감사하노니 그러므로 내 사랑하는 형제들아 견실하며 흔들리지 말고 항상 주의 일에 더욱 힘쓰는 자들이 되라 이는 너희 수고가 주 안에서 헛되지 않은 줄 앎이라."(고린도전서 15:55-58)

고린도전서 15장은 예수 그리스도의 부활에 관하여 선포하고 있는 장입니다.

"그러나 이제 그리스도께서 죽은 자 가운데서 다시 살아나사 잠자는 자들의 첫 열매가 되셨도다 사망이 한 사람으로 말미암았으니 죽은 자의 부활도 한 사람으로 말미암는도다 아담 안에서 모든 사람이 죽은 것 같이 그리스도 안에서 모든 사람이 삶을 얻으리라 그러나 각각 자기 차례대로 되리니 먼저는 첫 열매인 그리스도요 다음에는 그가 강림하실 때에 그리스도에게 속한 자요 그

후에는 마지막이니 그가 모든 통치와 모든 권세와 능력을 멸하시고 나라를 아버지 하나님께 바칠 때라." (고린도전서 15:20-24)

이렇게 해서 아담으로부터 시작된 저주와 사망은 이제 우리에게서 완전히 멀어질 수 있게 되었습니다.

한 사람, 아담의 범죄로 말미암아 죄와 사망이 온 세상에 들어왔고, 그 사망은 예수 그리스도께서 오시기 전까지 이 땅에서 왕노릇했습니다. 아직도 예수 그리스도를 모시지 않는 사람들에게서 사망은 왕 노릇하고 있습니다. 사망이 왕 노릇하고 있는 이 세상의 모습을 보십시오.

정치, 경제, 사회, 문화 등 이 세상의 어느 것도 썩지 않은 것이 없습니다. 이것은 이 땅의 왕이 누구인지를 적나라하게 보여 주고 있습니다. 저는 왜 사람들이 자신들의 영원의 문제를 놓고 도박(Gambling)을 하려 하는지 모르겠습니다.

혹시, 아직도 사망과 저주의 표적이 되고 있는 죄를 당신의 가슴에 안고 살고 있지는 않습니까?

지금 그것을 그리스도께로 던져 버리십시오. 그분은 이미 당신의 죄를 위하여 십자가에서 저주의 가시관을 머리에 쓰고 돌아가심으로써 당신에게 구원의 길을 열어 주셨습니다.

지금 믿기만 하십시오.

그리고 예수님 없이 살아온 지난날들을 회개하면서 그리스도의 품으로 들어오시기 바랍니다. 그 순간 당신의 죄악은 '동이 서에서 먼 것같이' 당신에게서 완전히 먼 곳으로 떠나 버리고 말 것입니다.

더 이상 사망과 저주의 과녁으로서의 삶을 살지 마십시오.

당신의 지식과 명예와 물질 등이 당신의 방패가 되어 줄 수 없습니다. 오직 그리스도만이 당신의 죄를 당신에게서 완전히 옮겨 버리시는 분이십니다.

왜 기름을 지고 불 속으로 뛰어들려고 합니까?

그리스도께 당신의 삶을 드리십시오.

생각해 봅시다!

1. 신명기의 '(   )에 달린 자'는 예수 그리스도에 대한 예언이었습니다.

2. 사망이 더 이상 쫓아오지 않도록 우리는 무엇을 하여야 할까요?

망망한 바다 한가운데서 배 한 척이
침몰하게 되었습니다.
모두들 구명보트에 옮겨 탔지만
한 사람이 보이지 않았습니다.
절박한 표정으로 안절부절 못하던 성난 무리 앞에
급히 달려 나온 그 선원이
꼭 쥐고 있던 손바닥을 펴 보이며 말했습니다.
"모두들 나침반을 잊고 나왔기에 … "
분명, 나침반이 없었다면 그들은 끝없이 바다 위
를
표류할 수밖에 없을 것입니다.

삶의 바다를 항해하는 모든 이들을 위하여
우리는 그 나침반의 역할을 하고 싶습니다.
우리를 구원하신 아름다운 주님을
21세기 문명의 이기(利器)를 통하여
널리 전하고 싶습니다.

우리 나침반 가족은
구원의 복음과 진리의 말씀을 전하며
당신의 믿음 성장과 삶을, 가정을, 증거를,
그리고 당신의 세계를 돕고 싶습니다.

그리스도 안에서
우리는 당신을 진실로 사랑합니다.

"하나님은 모든 사람이 구원을 받으며
진리를 아는 데 이르기를 원하시느니라."
(디모데전서 2장 4절)

신약전서- 큐티/가정예배/성경공부/새벽기도와 설교용

각 권 180개 주제의 예화/배경설명/교훈/생활적용/기도… 순서로 된 책!

한국독립교회 및 선교단체 협회장 / 송용필 목사 지음

예수님 마음 품게 하소서

공관복음서에서 예수님 마음 찾아 품기
큐티/가정예배/성경공부/새벽기도와 설교용
예수님의 마음과 가치관을 품고, 성경적 생활 방법 안내!

예수님 성품 닮게 하소서

사도행전, 서신서에서 예수님 성품 배우기
예수님의 성품과 가치관을 품고, 성경적 생활 방법 안내!

예수님 능력 갖게 하소서

서신서, 요한복음, 계시록에서 예수님 능력 배우기
예수님의 능력과 가치관을 품고, 성경적 생활 방법 안내!

중・고・대・대학원 수석/장학생으로 키운 엄마의 간증!

미국의 예일, 줄리어드, 노스웨스턴, 이스트만, 브룩힐, 한예종, 예원중에서
수석도 하고 장학금과 지원금으로 그동안 10억여 원을 받으며
공부하는 두 아이지만, 그녀는 성품교육을 더 중요시했습니다.

자녀가 사무엘이 되길 원하면
엄마가 한나가 돼야 합니다!

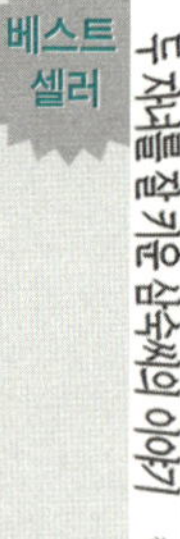

두 자녀를 잘키운 삼숙씨의 이야기

정삼숙 사모 지음 / 값10,000원

정석진 목사와 함께하는 성경여행
모세 오경에서 예수님 만나기

지은이 | 정석진 목사
발행인 | 김용호
발행처 | 나침반출판사

1판 발행 | 2013년 10월 10일

등 록 | 1980년 3월 18일 / 제 2-32호
주 소 | 157-861 서울 강서구 염창동 240-21
블루나인 비즈니스센터 B동 1607호
전 화 | 본 사(02)2279-6321
영업부(031)932-3205
팩 스 | 본 사(02)2275-6003
영업부(031)932-3207

홈페이지 | www.nabook.net
이 메 일 | nabook@korea.com
nabook@nabook.net

ISBN 978-89-318-1470-5
책번호 다-1127

값은 뒷표지에 있습니다.